오늘, 세계를 이해하다

인권, 세계를 이해하다

제1판 제1쇄 발행일 2019년 10월 19일
제1판 제7쇄 발행일 2024년 6월 1일

글 _ 김누리, 이희수, 김효순, 홍미정, 서현숙, 김민
기획 _ 인권연대, 책도둑(박정훈, 박정식, 김민호)
디자인 _ 서채홍
펴낸이 _ 김은지
펴낸곳 _ 철수와영희
등록번호 _ 제319-2005-42호
주소 _ 서울시 마포구 월드컵로 65, 302호(망원동, 양경회관)
전화 _ (02)332-0815
팩스 _ (02)6003-1958
전자우편 _ chulsu815@hanmail.net

ISBN 979-11-88215-33-1 43300

철수와영희 출판사는 '어린이' 철수와 영희, '어른' 철수와 영희에게
도움 되는 책을 펴내기 위해 노력합니다.

인권, 세계를 이해하다

기획
인권연대

글
김누리
이희수
김효순
홍미정
서현숙
김민

철수와영희

인권의 눈으로 본 세계

새로운 책을 내는 건 늘 두렵습니다. 애써 만들었다지만, 독자들의 평가를 기다리는 일은 늘 떨립니다. 하지만 이 책을 만들면서는 그렇게까지 두렵지 않았습니다. 모처럼 좋은 책을 펴낸다는 기쁨이 컸고, 독자들께 좋은 선물을 드린다는 생각에 일종의 자신감도 생겼습니다.

『인권, 세계를 이해하다』는 좋은 책이 지닌 장점을 두루 지니고 있습니다. 무엇보다 읽기 쉽습니다. 낯선 지역에 대한 이야기가 잔뜩 나오는데도 쉽게 읽힙니다. 저자들의 깊이 있는 이해 덕분입니다. 여섯 편의 각기 다른 독립된 이야기들이 펼쳐지고 있어서 읽기도 편합니다. 처음부터 읽으면 제일 좋겠지만, 그저 손이 가는 대로 읽으셔도 좋습니다.

분단은 한국인이 처한 지리적 조건마저 바꿔버렸습니다. 분단으로 대륙과 연결된 반도半島는 그저 섬島이 되었습니다. 섬이냐 반도냐에 따라 그곳에 사는 사람의 관점마저 바뀝니다. 비록 우리가 바다에 갇혀 있는 섬의 처지를 벗어나지 못하고 있지만, 섬은 거꾸로 대양으로 나아갈 수 있는 기반이 되기도 합니다. 그런데 어찌된 영문인지 섬의 장점은 취하지 못하고, 섬의 한계만 도드라진 것 같습니다. 말로는 무역으로 먹고산다면서도 우리 한국인의 인식은 섬처럼 고립되고 갇힌 것처럼 보입니다.

꼭 무역으로 먹고살기 때문만은 아닙니다. 세계에 대한 이해는 우리 자신을 더 잘 이해할 수 있도록 도와줍니다. 독일이 과거 청산을 어떻게 했는지 알게 되면, 우리 내부의 과거 청산 문제를 살펴볼 수 있게 되고, 일본과의 길고도 지루한 과거 문제를 풀 수 있는 단초도 마련할 수 있게 될 것입니다. 세계는 넓고, 그만큼 알아야 할 것들도 많습니다.

이 책은 세계를 무대로 다양한 쟁점을 고민할 수 있게 도와줍니다.

김누리 중앙대학교 독어독문학과 교수님은 독일의 민주 시민교육을 통해, 제2차 세계대전 이후 독일이 분단을 극복하고 유럽의 모범으로 성장하기까지의 가장 핵심적인 '성장 동력'이 무엇인지 살펴줍니다. 김누리 교수님의 안내를 따라가다 보면, 사람을 키우고 나아가 공동체의 역량을 키우는 바탕이 바로 교육에 있음을 확인할 수 있습니다.

이희수 성공회대학교 석좌교수님은 이슬람 문화에 대한 최고 권위자답게 낯설고도 어려워 보이는 이슬람 문화를 쉽게 풀어주고 있습니다. 한국과 이슬람의 오랜 교류사를 함께 살펴주면서, 이슬람 세계가 한국의 친근한 벗으로 다가올 수 있는 기반을 마련해주십니다. 57개국에 사는 18억 명의 인구와 함께 살 수 있는 방법도 일깨워줍니다.

김효순 '포럼 진실과 정의' 공동대표님은 오랜 기자 생활을 통해 경험했던 국제사회, 특히 일본 사회의 진면목을 살펴줍니다. '가깝고도 먼 나라'라는 말처럼, 지리적으로만 가깝지 사실은 서로 잘 모르는 이웃이 평화롭게 공존할 수 있는 길도 찾아볼 수 있습니다. 더불어 우리 자신을 객관적으로 볼 수 있는 안목을 갖는 게 무엇보다 중요하다는 것을 알 수 있습니다.

홍미정 단국대학교 중동학과 교수님은 특별히 팔레스타인이라는 작은 지역을 살펴주고 있습니다. 인구도 적고 면적도 크지 않은 곳이지만, 두 번의 세계대전을 거치면서, 지금의 국제 질서가 만들어지는 과정에서 영국과 미국이 어떤 일을 벌였는지 살펴줍니다. 지금 팔레스타인 사람들이 겪는 고통의 원인을 직시함으로써 평화로운 국제 질서를 위한 해답도 함께 찾아볼 수 있습니다.

서현숙 유네스코한국위원회 국제협력팀장님은 유네스코에서 오랫동안 국제 연대 부문에서 일하며 직접 겪었던 소중한 경험을 나눠줍니다. 국제 연대의 구체적 방안을 제시하며, 세계 이해 교육, 민주 시민교육, 인권교육의 중요성도 함께 살핌으로써, 세계 시민으로서의 우리가 갖춰야 할 자세와 태도도 일깨워줍니다.

마지막으로 김민 순천향대학교 청소년교육상담학과 교수님은 팔레스타인 지역에서 지역 개발을 위해 헌신했던 경험과 특별히 순천향대학교 학생들과 함께 진행했던 프로젝트 경험에 대해 생생하게 알려줍니다. 세계를 이해하고 세계인과 연대할 수 있는 좋은 방법을 찾아주는 한편, 세계를 만날 때 도움이 될 만한 유의 사항도 구체적으로 알려줍니다.

이렇게 여섯 분의 선생님들을 따라 독일이나 일본, 이슬람 전역이나 팔레스타인을 둘러보고, 유네스코의 거시적인 원칙이나, 팔레스타인에서의 구체적인 경험들을 쫓다 보면, 어느 틈엔가 세계를 보는 눈이 한층 더 밝아졌음을 알 수 있을 것입니다. 그리고 세계로 성큼 나갈 수 있는 용기도 생길 것입니다. 상대를 이해하고, 협력하며 함께 살아갈 수 있는 길이 여기에 있습니다.

그래서 좋은 책입니다. 이 책은 세계를 이해하는 데 큰 도움을 줍니다. 그렇다고 여행 길잡이 같은 책은 아닙니다. 정치, 역사, 문화, 종교 등을 한꺼번에 아우르고 있습니다. 이 책을 읽으면 가만히 앉아서 격조 높은 인문학 세계 여행을 하게 되는 것입니다.

이 책의 저자들인 김누리, 이희수, 김효순, 홍미정, 서현숙, 김민 선생님께 감사드립니다. 선생님들 덕에 좋은 책을 만나게 되었습니다. 인권연대가 기획한 책을 아껴주시는 독자 여러분들께도 감사드립니다.

인권연대 오창익 드림

차례

인간, 세계를 이해하다

1강. 민주주의자는 어떻게 길러지는가? –독일의 민주 시민교육

김누리 | 중앙대학교 독어독문학과 교수

김누리(중앙대학교 독어독문학과 교수)

서울대학교, 독일 브레멘 대학교에서 독문학을 공부했고, 현재 중앙대학교 독어독문학과 교수로서 한국독어독문학회 회장, 중앙대학교 독일유럽연구센터 소장을 맡고 있으며, 2013년부터 한겨레신문에 칼럼 '세상 읽기'를 쓰고 있다. 저서로 『비유냐 진정성이냐. 권터 그라스와 크리스타 볼프 연구』(독문), 『알레고리와 역사. 귄터 그라스의 문학과 사상』, 『머릿속의 장벽. 통일 이후 동서독의 사회문화 갈등』(공저) 등이 있으며, 헤세의 『황야의 이리』, 슈뢰더의 『아직도 시간은 있다』 등을 우리말로 옮겼다.

1강
민주주의자는 어떻게 길러지는가?
–독일의 민주 시민교육

반갑습니다. 중앙대학교에서 독문학을 가르치고 있는 김누리라고 합니다. 통일, 민주주의, 민주 시민교육, 인권 등 다양한 분야에 관심을 갖고 있어요, 오늘은 여러분과 독일의 민주주의와 교육에 대해 이야기를 나눠보려 합니다.

한국 사회는 해방 이후 참으로 놀라운 발전을 거듭했습니다. 경제 성장과 정치 민주화를 동시에 이룬 대단한 나라가 되었습니다. 그러나 또한 우리는 여전히 비정상적인 삶을 살고 있습니다. 얼마 전 장애인 학교에서 폭행 사건이 벌어졌지요. 해마다 유사 사건이 터지는데도 사라지지 않습니다. 운동선수 성폭행 사건은 또 어떤가요?

저는 이런 사건들이 끊임없이 우리 주변을 맴돈다고 생각할 때마다 우리 사회가 비정상이 일상화된 사회, 병든 사회가 되어버린 것이 아닌가 하는 두려움을 느낍니다.

성숙한 공동체를 만든 독일의 힘

에리히 프롬은 자신의 사상을 집대성한 말년의 저서 『건전한 사회 *The sane society*』에서 'pathology of normality'라는 표현을 해요. '정상성의 병리성' 정도로 번역할 수 있겠는데요. 저는 이 말에 상당히 공감합니다. 병든 사회에서 지극히 정상적인 삶을 사는 사람은 과연 정상일까요, 비정상일까요?

우리는 이미 TV 뉴스에서 그런 삶을 사는 사람들을 많이 만납니다. 한국 교육이 낳은 최고의 '모범생들'이 어떻게 이 사회의 비정상성을 유지하는 데 기여하는지 매일 보고 있어요. 저는 괴물이 된 엘리트들을 볼 때마다 우리가 근원적인 질문을 던져야 한다고 생각합니다. 병적인 사회 속에서 나만 정상으로 사는 것이 과연 가능할까? 그럴 수 없습니다. 그럴 수 있는 사람은 이미 비정상이지요. '성숙'에 대해서도 '정상'과 똑같은 얘기를 할 수 있습니다. 사회가 성숙한 공동체가 아니라면 개인이 아무리 노력해도 그의 삶을 성숙하게 만들 수 없습니다.

이런 질문을 가장 급진적으로 던졌던 나라가 바로 독일입니다. 독일은 알다시피 인류 역사상 최악의 범죄를 저지른 나라지요. 수많은 유대인을 학살했습니다. 600만 명 이상이 희생된 것으로 알려져 있습니다. 유대인에 대한 홀로코스트는 독일뿐 아니라 전 유럽 사회에 큰 충격을 주었습니다. "아우슈비츠 이후에 서정시를 쓴다는 것은 야만적이다." 독일의 저명한 사상가 아도르노는 이런 말을 했을 정도입니다. 그의 말 속에는 '인간성의 밑바닥'을 들여다본 인류가 다시 서정성의 세계로 돌아가기는 어렵지 않겠느냐는 비관적 전망이 서려 있습니다. 그런 참혹한 일을 저지른 독일, 가해자인 독일은 지금 어떻습니까? 반듯하게 잘사는 나라가 되었습니다. 과거 청산을 훌륭하게 해냈고, 전후 연합국에 의해 분단되었지만 다시 통일을 이루었습니다. 게다가 훌륭한 복지국가를 만들어냈습니다. 저는 이것이 역설적으로 '아우슈비츠의 선물'이라고 봅니다. 인류 최악의 범죄를 저지른 과거를 직시하고, 뼈를 깎는 고통으로 이를 청산했기에 가능했던 것입니다. 어마어마한 재앙이 새로운 사회를 만드는 동력으로 작용했습니다. 그 결과 오늘날 독일은 세계에서 유례가 없을 정도의 인간적인 공동체로 발전할 수 있었던 거지요.

제가 독일에 대해 이렇게 후한 점수를 주는 것은 그들이 시리아 난민에 대해 보여준 인도주의적 태도 때문일 것입니다. 2015년은 유럽에서 기억에 남을 만한 해입니다. 난민들이 밀려들면서 유럽 사회에 '난민 공포증' 같은 것이 생겨났지요. 이를 이용해서 극우정당들이 득세했습니다. 프랑스에서는 반난민 정책을 기치로 내건 '국민연합구 국민전선'의 마린 르펜이 대통령 결선투표까지 갔지요. 르펜은 프랑스를 대표하는 극우 파시스트입니다. 다행히 자유주의자 마크롱이 르펜의 권력 장악을 저지했지만,

공화주의와 톨레랑스의 나라인 프랑스로서는 치욕스러운 일이었습니다. 영국의 '브렉시트'도 난민 공포증을 조장한 극우 포퓰리즘이 만들어낸 '정치적 대형 사고'라고 할 수 있습니다.

난민 정책을 두고 유럽의 국가들이 이렇게 홍역을 치를 때 독일은 어떻게 했습니까? 앙겔라 메르켈 총리는 100만 명의 난민을 받겠다고 선언했어요. 세계가 깜짝 놀랐습니다. 모두가 귀를 의심했지요. 그리고 실제로 2015년 한 해에만 115만 명의 난민을 받아들였습니다. 아마 다른 나라였으면 즉각 정권이 무너질 만한 사건이었지요.

제가 2017년이 연구년 기간이어서 독일 프랑크푸르트 대학에 가 있었습니다. 그해 9월에 총선이 있었어요. 그러니까 115만 명의 난민을 받고 나서 첫 번째 총선이 치러진 것이지요. 사실 메르켈 총리는 대규모 난민 수용으로 적잖은 비판을 받은 이후 총선 출마를 망설였습니다. 그럼에도 기민당에서는 메르켈을 총리 후보로 지명했지요. 선거 결과 메르켈은 다시 독일의 총리가 되었습니다. 저는 메르켈이 115만 난민을 수용하고도 다시 총리로 뽑힌 배경에는 독일 국민의 성숙한 정치의식이 있었다고 생각합니다. 그것이 없었다면 115만 난민의 수용과 메르켈의 총리 연임은 상상도 할 수 없는 일이었을 것입니다.

독일에서 생활하면서 느낀 점이 바로 그것입니다. 독일 사람들은 어려서부터 기본적인 인권 의식이랄까, 인류에 대한 보편적인 사랑 같은 것을 내면화할 기회가 많습니다. 주로 교육이나 언론 등을 통해서 그런 기회가 풍부하게 제공되지요.

아우슈비츠라는 반인륜적 범죄를 저지른 자신들의 행위를 반성하는 과정에서 수준 높은 정치 교육을 정착시킬 수 있었고, 이를 통해 성숙한 시민들을 길러낼 수 있었습니다.

과거 청산이 없는 나라에 이상적인 미래를 기대할 수 없습니다. 우리도 냉정하게 자신을 돌아봐야 합니다. 지난 100년의 역사를 차분하게 돌아보면 우리나라가 얼마나 과거 청산이 안 됐는지를 깨닫게 되지요.

우리나라처럼 고통스러운 근현대사를 가진 민족이 또 있을까요? 식민지, 세계대전, 분단과 냉전, 군사독재의 역사가 있었습니다. 그 과정에서 수많은 양민이 죽었고요, 고문과 사법살인이 자행됐습니다. 이러한 과거의 잘못을 우리가 제대로 청산하지 못했어요. 오히려 청산 대상이어야 할 사람들이 권력을 누렸지요.

일제강점기 광복군, 독립군을 탄압하던 자가 해방된 나라에서 대통령이 됩니다. 심지어 그 딸도 대통령이 돼요. 부끄럽고 치욕스러운 일입니다. 2012년 대통령 선거 직후 많은 독일인 친구들이 전화를 하더군요. 위대한 민주주의의 역사를 가지고 있고, 국민의 의식 수준이 높은 한국 같은 나라에서 어떻게 독재자의 딸을 대통령으로 뽑을 수 있느냐고 하더군요. 사실 저는 그 전화를 받고 화가 나기는커녕 오히려 안도했습니다. 독재자의 딸이라는 건 알아도 친일파의 딸이라는 사실은 모르더라고요. 다행이다 싶었습니다.

독일과 우리의 민주주의에 대한 인식은 왜 이렇게 차이가 나는 걸까요? 그들의 일상으로 한번 들어가 보겠습니다. 말씀드린 대로, 저는 2017년에 프랑크푸르트 대학 '사회연구소'에 연구교수로 가 있었습니다. 20세기 철학과 사상에 큰 영향을 끼쳤던 프랑크푸르트학파의 산실이지요. 에리히 프롬, 허버트 마르쿠제, 테오도르 아도르노, 위르겐 하버마스, 발터 벤야민 같은 분들이 이곳에서 활동했습니다. 제가 머물 때에는 3세대인 악셀 호네트 교수가 소장으로 있었습니다.

저는 프랑크푸르트 대학 캠퍼스를 거닐다가 어린아이들이 너무 많은 것에 놀랐습니다. 나중에 보니까 시리아 난민 아이들이었어요. 대학에서 건물 하나를 난민을 위한 수용 시설로 내놓았던 것입니다. 한번은 그 건물 벽에 누군가가 그림을 그리고 있어요. 호기심이 일었습니다. 다가가서 물었죠. 그랬더니 자기는 화가라고 소개하더군요. 그냥 재미로 그림을 그리고 있다고 합니다. 그는 그림 말고도 무슨 문구를 써 놓았습니다. "더 이상 아무도 추방되지 않는 세계, 진정으로 해방된 인류의 세계 이외에 이 세상에 고향은 없다."

무슨 뜻인지 곰곰이 생각했습니다. 단순히 태어난 곳이 아니라 '아무도 추방되지 않는 세계'가 바로 고향이라는 것이지요. 바로 시리아 난민들을 위해서 그린 그림이었던 거예요. 동네에 사는데 난민들에게 무언가 도움이 되고 싶어서 그림을 그렸다고 합니다.

연구소로 돌아와 그곳에서 연구하는 박사 과정 학생들에게 물었습니다. 어떻게 대학 건물을 난민에게 내줄 수 있느냐, 너희들은 대학에 들어와 있는 난민들에 대해서 어떻게 생각하느냐?

그랬더니 똑같은 답이 돌아왔습니다. "미안하다"는 거예요. 그들 때문에 불편하다, 학교가 오버한다는 식으로 대답하는 사람이 단 한 명도 없었습니다. 오히려 제가 당황스러웠습니다. 그래서 '미안한' 이유를 물었습니다. 프랑크푸르트 대학의 다른 캠퍼스에도 난민을 수용한 건물이 있는데, 이곳은 그 건물에 비해 시설이 낙후해 인간적인 생활을 하기가 어렵다. 그래서 지날 때마다 미안함을 느낀다는 것이었습니다.

우리는 어떻습니까? 제주도에 예멘 사람들이 난민 신청을 했을 때 청와대 청원이 올라왔지요. '이슬람 사람들' 받지 말라고 요구한 사람들이 삽시간에 수십만 명을 넘었습니다. 난민 수용을 반대하는 이유는 다양했습니다. 나름 논리적 근거도 갖고 있었고요. 하지만 제가 보기에는 우리도 먹고살기 힘든데 못사는 나라 사람들을 어떻게 받느냐, 딱 그 얘기였거든요. 차별의 일상화, 경쟁에서 뒤처진 사람들은 돌보지 않아도 된다는 싸늘함이 '공정성'이란 이름으로 포장되어 우리 사회를 지배하고 있는 건 아닌가 하는 생각에 착잡했어요.

베를린에서 있었던 일입니다. 길을 가는데 유독 한 집이 눈에 띄었어요. 평범한 가정집이었는데 현관 앞의 공간에 초록색 테두리의 액자와 함께 장미꽃이 놓여 있었어요. 액자 안에 쓰인 글을 읽어봤지요. "이 집이 예전에 가수이자 배우였던 사람이 살던 곳이다. 이 분은 1940년에서 45년까지 유대인을 숨겨 주었다. 그녀를 추모한다." 이런 내용이에요. 현관문을 열면 바로 보이는 그 공간에 추모의 글을 남긴 거였어요.

문밖에는 바로 앞에 '걸림돌 Stolperstein'이라는 이름의 추모 동판이 박혀 있었어요. 검은 사각형 동판에는 이런 사연이 쓰여 있었어요. "여기 살던 게르하르트 카우프만은 1943년에 테레지엔슈타트로 이송되어 1944년 아우슈비츠에서 살해되었다." 나중에 알고 보니 베를린 시내에는 이런 동판이 박혀 있는 집들이 많았습니다. 그다음부터는 땅만 보고 다니게 되더군요. 100미터 정도 되는 이 거리, 마르그라프-알브레히트 슈트라세에서만 이런 기념 동판을 36개나 찾았어요. 누가 이런 일을 했을까 궁금했습니다. 독일은 한 주소에 10~20가구가 모여 삽니다. 이런 추모 동판을 설치하려면 모두가 동의해야 한대요. 정부가 시켜서 하는 것도 아니고 주민들이 자율적으로 하는 게 기본 원칙이랍니다. 가로세로 10센티미터쯤 하는 추모 동판 하나에 120유로 정도 한답니다. 동의를 받고 그 돈을 모금해서 설치한 거예요. 취지는 좋지만 주민 입장에서 보면 조금 가혹한 일이 아닐까? 매일 드나들면서 누가 언제 죽고 어떻게 죽고, 하는 걸 봐야 하잖아요. 그렇게까지 안 해도 될 텐데, 하는 생각이 들었어요. 그래서 주민에게 직접 물어봤죠. 매일 아우슈비츠를 만난다는 게 부담스러울 것 같은데 어떠십니까? 그랬더니 부담은커녕 오히려 마음이 좋대요. 일상에서 매일 과거와 만난다는 것은 좋은 일 아니냐, 게다가 피해자를 생각하는 것은 아름다운 일이 아니냐, 이런 식입니다. 특히 한 50대 여성의 대답이 인상적이었습니다. "우리는 과거와 만나는 새로운 방법을 배우고 있다." 감동받았습니다. 반대하는 분이 딱 한 분 있었어요. 그런데 그 이유가 우리가 생각하는 그런 게 아니더군요. 이분은 사람들이 저 동판을 아무 생각 없이 밟고 지나갈 때 가슴이 아프다고 해요. 또 비가 오거나 하면 나뭇잎에 덮이고 더럽혀지는 게 너무 안쓰럽대요.

전반적으로 과거와 대면하는 데 동의하고 있었어요. 저는 이것이 독일 사회가 난민을 115만 명이나 받아들일 수 있었던 배경이라고 생각합니다. 그릇된 과거에 대한 반성이 인도주의적 실천으로 이어지는 거예요. 그래야 부채 의식이 조금은 덜어질 수 있을 테니까요.

또 하나 인상적이었던 것이, 어린 초등학생들의 시위입니다. 하루는 텔레비전을 보는데 초등학생들이 길 한복판에서 시위하는 장면이 나와요. 별일이라고 생각했는데 독일에서는 이런 일이 흔하다는 걸 나중에 알았습니다. 택시 운전사들이 초등학생들이 모여서 시위하는 걸 제일 무서워할 정도랍니다. 사람이 많이 모이는 교통 요지에 딱 자리를 잡는데 그러면 일대 교통이 마비된대요. 그날은 공치는 겁니다.

직접 보니까 그 위력이 실감 나더군요. 오전 11시쯤 훔볼트 대학과 브란덴부르크 문 사이에 있는 베를린 중심가를 지날 때였어요. 왕복 16차선의 거대한 거리에서 3차선을 점거하고 초등학생 300명 정도가 행진하고 있었습니다. 타고 있던 버스에서 급히 내렸죠. 그 광경을 보면서 초등학생 얼굴도 저렇게 기품이 있을 수 있구나 하는 걸 처음 느꼈습니다. (웃음) 이들이 들고 있는 현수막에는 이렇게 쓰여 있었어요. "세상에 불법적인 인간은 없다 Kein Mensch ist illegal." 난민 추방에 항의하는 거예요. 이때가 2014년이었습니다. 새삼 교육의 중요성을 깨달았습니다.

여러분, 교육의 가장 중요한 목표가 뭐예요? 성적이 우수한 아이를 키우는 게 아니에요. 민주적인 시민을 키우는 거예요. 민주적인 시민을 기르는 것, 그게 가장 중요한 교육의 가치입니다. 적어도 독일에선 그렇습니다. 이러한 교육 목표에 반대하는 사람들은 다른 나라로 가라는 게 독일 정부의 공식 입장입니다. 그래서 독일에서는 예를 들면 홈스쿨링이 불법이에요. 어느 부부가 위헌 소송을 냈지만 헌법재판소에서 불법으로 확정 판결을 내렸어요. 집에서 아이들을 가르칠 수 없습니다. 교육은 지식을 가르치는 게 아니라는 거예요. 타인과 더불어 사는 것, 상호 교감하며 공동체를 이루는 것, 이런 가치들이 우선이며 단순한 지식의 전수는 그들이 추구하는 교육이 아니라는 게 독일 교육의 원칙입니다.

저는 이 두 가지, 과거에 대한 철저한 반성과 청산, 그리고 체계적인 민주 시민교육이 오늘날의 독일을 성숙한 공동체로 만들었다고 생각합니다.

"민주주의의 적은 약한 자아이다"

여러분은 독일 최고의 수출품이 무엇이라고 생각하십니까? '독일제' 하면 생각나는 거요. 많은 분이 자동차를 떠올리실 겁니다. 저는 독일의 헌법, 좀 더 정확하게는 '연방 공화국 기본법'의 제1조라고 생각합니다.

"인간 존엄은 불가침하다."

우리나라 헌법 1조는 뭔지 아시지요. "대한민국은 민주 공화국이다"예요. '국가'가 먼저 나오죠. 독일은 '인간'을 먼저 언급합니다. 국가는 인간이 존엄한 존재로 자신을 실현하는 과정에 도움을 주기 위해서 존재하는 기관일 뿐이에요. 국가를 위해서 내가 존재하는 게 아닙니다. 반대로 나를 위해서 국가가 존재하는 거지요. 이 독일 헌법 제1조가 나중에 그대로 유럽 헌장의 제1조가 됩니다. 제가 최고의 수출품이라고 꼽는 이유입니다.

두 번째는 바로 유럽연합가Anthem of Europe예요. 독일의 음악가 베토벤이 작곡한 교향곡 9번 4악장 '환희의 송가'가 유럽연합가입니다. 베토벤은 독일의 작가 프리드리히 실러의 시 「환희의 송가」에서 가사를 따왔습니다. 모든 인간이 형제가 되는 세상, 인간을 가르는 모든 관습을 없애는, 남녀 간에, 신분 간에, 계층 간에 또는 종교 간에 장벽을 넘어서는 세계를 노래합니다. 이것이 독일이 유럽에 보낸 두 번째 수출품입니다. 인간 존엄이라는 인식에서 모든 것이 출발합니다. 다른 말로 하면 '인권'이겠지요. 이런 시각으로 우리를 돌아보면 어떻습니까? 우리 사회는 인간 존엄이라는 말이 너무나 낯선 곳이죠. 경쟁, 효율, 성공 등 '인간의 언어'가 아닌 '자본과 시장의 언어'로 가득합니다.

2016년 한국 사회는 어마어마한 에너지를 보여주었습니다. 바로 촛불집회에서요. 전 세계 민주주의 역사상 가장 대규모 집회가 아닐까 생각해요. 연인원이 1700만 명이었으니까요. 12월 3일에만 전국에서 200만 명이 넘게 모였습니다. 인류 역사상 단일 집회로는 최다 인원이 아닐까 해요. 한국 민주주의의 위대한 면을 유감없이 보여주었습니다.

저는 이 촛불시위와 함께, 대한항공 노동자들이 벌인 가면 시위가 오늘날 한국 사회를 보여주는 상징적인 장면이라고 생각해요. 가면 시위는 아시죠? 얼굴에 똑같은 마스크를 하고 음성 변조기를 단 마이크를 가지고 시위에 참여하잖아요. 가면 시위는 우리 민주주의의 위대함과 한계를 동시에 보여주고 있습니다. 민주주의의 광장에서조차 자기를 드러내지 못하는 안타까움이 있어요.

촛불집회가 한창일 때 독일의 반응을 살피다가 깜짝 놀랐습니다. 〈디 차이트 *Die Zeit*〉라는 저명한 시사 주간지에 실린 칼럼이었는데, '미국과 유럽은 이제 한국에서 민주주의를 배워야 한다'는 제목이에요. 읽어 보니 이런 내용이었습니다. 근대 민주주의의 출발점이 프랑스의 인권선언, 미국의 독립선언이라는 건 다들 아시죠? 그런데 지금 그 두 나라가 엉망이에요. 프랑스는 극우파가 득세하고 미국은 트럼프 현상이 휩쓸고 있습니다. 이런 현실 속에서 한국의 민주주의가 너무 멋진 거예요. 200만이 넘게 거리로 뛰쳐나왔는데 단 한 번의 폭력 행위도 없습니다. 심지어 쓰레기까지 싹 걷어가요. 유럽에서는 모였다 하면 폭력입니다. 상가가 불타고 험하게 충돌하고, 이런 장면 많이 보셨잖아요. 평화로운 한국의 시위 문화를 보고 독일 사람들이 깜짝 놀랍니다. 저도 이런 시각에 동의합니다. 한국 민주주의가 대단히 성숙했다는 점은 이론의 여지가 없어요. 문제는 이것이 광장에서만 가능하다는 거예요. 일상에서는 여전히 민주주의가 설 자리가 없습니다. 광장 민주주의와 일상 민주주의가 괴리되어 있어요.

광장에서 민주주의를 외치던 사람이 직장에서는 '갑질'을 합니다. 학교에서는 권위주의적 꼰대가 됩니다. 가정에서는 대책 없는 가부장이 되고요. 이런 현상을 어떻게 봐야 할까요?

한국에서 촛불시위가 한창일 무렵 독일 제1국영방송ARD에서 서울로 취재차 날아와 저와 인터뷰를 한 적이 몇 차례 있습니다. 저는 촛불시위는 한국 민주주의의 위대함을 보여준 것이다, 한국은 4·19 혁명, 5·18 민주화 운동, 6·10 항쟁 등 민주주의의 위대한 역사를 가지고 있다, 이러면서 신이 나서 이야기했죠. 그런데 말하다 보니까 조금 이상해요. 민주주의의 위대한 역사를 가졌다는 건, 계속 반복해서 싸웠다는 말이고 그러면 뭔가 진전이 더디거나 민주주의 자체가 지극히 취약하다는 거 아닌가? 이런 생각이 머릿속에 퍼뜩 떠오른 거지요.

4·19는 5·16 군사 쿠데타에 의해 좌절하고, 5·18 민주화운동은 전두환에 의해 짓밟힙니다. 6·10 항쟁으로 이룬 대통령 직선제의 과실은 쿠데타 세력의 일파인 노태우에게 돌아갔고요. 왜 우리의 민주주의는 이렇게 허약할까요? 오랜 민주 혁명의 전통을 가지고 있음에도 왜 우리 사회는 여전히 비민주적인 관행들이 판을 치고 있을까요?

여러분, 촛불집회가 한창일 때 친위 군사 쿠데타 움직임이 있었다는 뉴스 보셨죠? 생각만 해도 아찔합니다. 여전히 한국 민주주의는 불안하고 위태로워요. 왜 그럴까요?

제가 이 주제로 칼럼을 쓴 적이 있습니다. 제목이 '민주주의자 없는 민주주의'였어요. 민주주의자가 없는 공동체에서 민주주의가 가능할까요? 당연히 불가능합니다. 구성원이 파시스트인데 어떻게 민주주의를 해요. 이쯤에서 우리는 스스로에게 질문을 던져야 합니다. 나는 과연 민주주의자인가? 일상에서 민주주의를 행하지 않는데 어떻게 민주주의가 실현될 수 있을까? 지금 우리에게는 '제도로서의 민주주의'가 아니라 '생활양식에서의 민주주의'가 더 중요한 건 아닐까? 하는 질문 말이에요.

또 다른 칼럼의 제목은 '가면 쓴 민주주의'였습니다. 그 글을 쓰기 전에 철학자 아도르노의 글을 읽다가 이런 글귀를 발견했어요. "민주주의의 최대 적은 약한 자아이다." 순간 뒤통수를 세게 한 대 얻어맞은 느낌이었습니다. 이게 바로 우리 민주주의의 약점이구나 하고 깨달았죠.

아도르노는 '민주주의를 외적으로 부정하는 파시즘보다 민주주의 안에서 작동하는 파시즘이 더 위험하다'고 지적해요. '내 안의 파시즘'을 봐야 한다는 이야기입니다. 독일의 극작가 브레히트도 비슷한 말을 했지요. "파시즘이 남긴 최악의 유산은 파시즘과 싸운 자들의 내면에 파시즘을 남기고 사라진다는 사실이다."

무서운 말이에요. 저도 학생 시절 군부독재와의 싸움에 열심이었습니다. 그런데 이 말을 듣고 나 스스로를 돌아보니 부끄럽더라고요. 나 자신이 파시스트였거든요. 그런 내가 무슨 민주주의를 외쳐요. 그럼 방법이 없는 걸까요? 허약한 자아, 파시즘에 정복된 나는 민주주의를 할 자격이 없는 걸까요? 그렇지 않습니다. 비슷한 문제를 겪은 독일 사람들은 바로 '교육'에서 해결책을 찾아요.

1970년대 초부터 독일의 교육 개혁이 시작됩니다. 이때 사상적 토대가 된 것이 바로 앞서 말씀드린 아도르노의 교육관이에요. 그전까지는 독일 교육도 우리 못지않게 권위주의적이고 가부장적이고 비민주적이었어요. 교육 개혁을 통해 이를 대대적으로 개혁한 것이지요.

개인적으로 아도르노와 인연이 있는 게 2017년에 프랑크푸르트 대학에 갔을 때 프랑크푸르트학파의 산실인 '사회연구소'에서 배정받은 방이 바로 아도르노가 쓰던 방이었습니다. 저로서는 대단한 영광이었죠. 아도르노에 대한 논문을 쓰지 않을 수가 없었어요. '아도르노의 교육 담론'을 연구했습니다. 핵심은 강한 자아를 가진 인간을 키워내는 것이에요. 그것이 민주주의의 성패를 가름한다고 보았기 때문입니다. 제가 독일에서 8년여 생활을 하면서 느꼈던 많은 의문이 아도르노의 교육 담론을 보면서 풀렸어요.

제가 독일에서 살면서 무엇보다도 놀란 게 그 오랜 시간을 보내면서 열등감을 가진 사람을 한 명도 못 봤다는 사실이에요. 제가 아시아에서 온 유학생이라 내 앞에서만 그런가 하고 의심도

했습니다. 그런데 좀 더 깊이 관찰한 결과 전혀 그게 아니었어요. 같은 독일인끼리도 열등감을 보이거나 굴종적인 태도를 보이는 사람이 거의 없었습니다.

물론 제가 주로 만난 사람들이 공부하는 사람들이었지만, 기숙사 관리하는 분이나 동네에서 만난 사람들, 수리공, 슈퍼마켓에서 만난 사람들도 그랬어요. 누구나 불의에 대충 넘어가지 않고 자기주장을 당당하게 펴더군요.

여러분, 제 주변에 잘난 사람들이 꽤 있어요. 한국에서 판검사니 의사니 소위 잘나가는 사람들이 많습니다. 그런데 이 중에 열등감 없는 친구가 하나도 없어요. 아니 독일 수리공은 저렇게 당당한데 왜 우리나라의 소위 엘리트층은 열등감에 빠져 괴로워할까? 이해할 수 없었습니다.

이와 관련해서 고려대학교 김우창 명예 교수가 하신 말씀이 있어요. 한국 사회의 심리적 구조는 "오만과 모멸의 체제"로 이루어져 있다는 거예요. 제가 볼 때는 우리 사회의 핵심적인 문제를 제대로 꿰뚫고 있습니다. 오만은 열등감과 동전의 양면이에요. 오만은 그 자체로 열등감의 이면입니다. 그것을 가장 잘 보여주는 사람이 얼마 전 국정 농단에 연루되어 수감됐잖아요. 좋은 대학을 나와서, 청와대 민정수석이라는 높은 지위에 올라간 사람이 어쩌다 저렇게 망가졌을까요? 기억하세요? 그는 죄를 짓고도 질문하는 기자들을 노려볼 정도로 오만하기 그지없었습니다. 여기에 대해 어떤 사람이 이 친구가 출신 고등학교 때문에 검사 사회에서 밀렸다, 이는 평생 열등감으로 남아 오만함의 원인이 되었다는 식으로 분석하더라고요. 저는 설득력이 있다고 봅니다. 우리나라처럼 수직 계열화된 사회에서는 아무리 잘나가도 또 무언가를 꼬투리 삼아서 차별해요. 그 누구도 여기서 자유롭지 못합니다.

독일은 교육을 통해 이런 비극을 예방하는 한편 건강한 민주시민을 길러낼 수 있었어요. 그 핵심은 결국 아도르노의 교육관이에요. 아도르노는 경쟁 교육이 야만의 핵이라고 이야기합니다. 그래서 독일은 아이들을 경쟁시키지 않아요. 잘 놀라고 가르치죠. 그들의 세계에는 등수라는 게 없습니다. 초등학교부터 대학까지 다니면서 자기가 몇 등인지 몰라요. 등수 자체를 아예 매기지를 않으니까요.

우리로서는 이해가 안 가죠. 등수 없이 어떻게 교육을 하나? 우리나라에서는 누가 더 우수한가를 판별하는 게 교육이라고 생각하잖아요.

제 아이는 독일에서 초등학교를 들어갔습니다. 얼마쯤 다니고 나서 하는 말이 자기는 학교에 있을 때가 세상에서 가장 행복하대요. 독일 학교에서는 그 누구도 강압하거나 열등감을 심어주는 행위를 하지 않습니다. 당연히 아이들 관계도 좋죠. 학습은 어떻게 하느냐고요? 놀이로 합니다. 숫자 놀이, 그림 그리기 놀이,

글쓰기 놀이 등 아이들의 관심에 따라 가르쳐요. 아이들은 그렇게 단단한 자아를 가진 성인으로 성장합니다. 일찌감치 좌절과 패배감에 길들여지는 우리로서는 부러울 뿐이죠.

아도르노적 관점으로 보면 한국 교육은 완전히 반교육입니다. 이 교육에서 길러내는 사람은 승자나 패자 할 것 없이 모두 반민주주의자로 성장할 수밖에 없어요. '약한 자아를 길러내는' 한국 교육이야말로 한국 민주주의 최대의 적입니다.

우리가 지금 여전히 민주적인 사회에 살지 못하는 이유는 한국 교육의 잘못된 가치들이 깊이 내면화되어 있기 때문이에요. 한국 교육에서 잘 적응한 사람들은 턱없이 오만해지고 그렇지 못한 사람들은 평생 열등감에 시달립니다. 이러한 구조가 한국 사회를 병들게 했어요.

독일 교육의 핵심 가치

이러한 독일의 민주 시민교육은 크게 세 가지 핵심 영역으로 이루어집니다. 첫째가 성교육, 둘째가 생태 교육, 셋째가 정치 교육이에요. 성교육 이야기를 먼저 해보겠습니다.

여러분, 독일 교육은 자아를 강화하는 것을 목표로 한다고 말씀드렸죠. 그렇다면 '자아'란 뭘까요? 정신분석학을 만든 프로이트는 자아를 '에고'라고 규정합니다. 이 모델을 따르면 자아인 '에고' 아래에 '리비도'가 있고 그 위에 '슈퍼에고'가 있어요. 리비도는 본능적인 성 충동이고 슈퍼에고는 사회의 윤리적 규범을 말합니다. 우리들의 자아인 에고는 그 사이에서 동요하는 존재입니다. 벌써 100년이나 된 이론이지만 설득력이 있어요.

성性이 우리의 인격 형성에 지대한 영향을 미친다는 점은 명백합니다. 독일 교육도 이 점을 잘 이해하고 있어요. 그들에게 성교육은 곧 정치 교육입니다. 정치 교육의 핵심이 성교육이에요. 좀 이상한가요? 독일에서 성교육을 중시하는 이유는 바로 강한 자아를 길러내는 데 꼭 필요하기 때문이에요. 우리가 자신을 긍정적으로 바라보려면 인간의 본능적인 부분을 자연스럽게 수용할 수 있어야 해요. 만약 슈퍼에고에 압도당한 나머지 성적 에너지인 리비도를 악惡으로 취급한다면 어떨까요? 리비도는 절대 사라지지 않아요. 단지 억압당할 뿐입니다. 성을 악마화하면 죄의식이 생겨요. 성적 상상을 할 때마다 난 나쁜 놈이야, 이러면서 자신을 괴롭힙니다. 문제는 강한 죄의식을 내면화한 사람일수록 권력에 더욱 굴종적인 태도를 취한다는 사실입니다. 이건 학계에서도 이미 정설이나 다름없어요. 우리가 경험적으로도 충분히 알 수 있고요. 아도르노는 이를 '권위주의적 성격 이론'으로 정립합니다.

성을 억압하면 할수록, 악마화하면 할수록 그 사회의 구성원들은 권위 앞에 굴종적인 성격이 된다는 거예요. 멀리 갈 필요 없어요. 우리가 바로 그 증거입니다. 한국 사회는 철저히 성을 억압하는 사회입니다. 우리도 모르는 사이에 죄의식이 내면화되어 있고요. 한국 사람들은 예외 없이 그렇습니다. 그럴 수밖에 없어요. 성교육을 아예 받지 않았거나 잘못된 성교육을 받아왔기 때문입니다.

독일 성교육의 제1 원리는 성을 도덕과 연관 지어서는 안 된다는 겁니다. 성과 윤리는 아무런 관계가 없습니다. 성은 자연스러운 거예요. 내 의지와 상관없이 가지고 태어나는 거예요. 그러나 다른 한편 성은 생명과 인권에 관련한 아주 중요한 영역입니다. 잘 가르치고 배워야 할 영역이지요.

독일은 법적으로 14세부터 성관계를 맺을 수 있습니다. 다만 유보 조항이 있는데, 3살 차이 내에서만 가능합니다. 무슨 뜻이냐면 17세까지는 가능하지만 18세와 성관계를 했다면 불법입니다. 이런 식으로 성인들의 미성년자 성 착취를 방지하고 있어요. 또래들끼리만 가능합니다. 물론 성문화는 사회적 전통과 문화의 영향을 받습니다만, 이들이 이렇게 법으로 청소년들의 성을 인정한 것에는 교육적 근거가 있다는 점을 말씀드리고 싶네요.

독일 교육의 두 번째 핵심 영역은 생태 교육입니다. 독일 사람들은 '미래 생명에 대한 책임'이라는 개념을 굉장히 중요시합니다. 학교에서 가르치는 중요한 개념 중 하나예요. 인간은 누구나 죽습니다. 영원히 살 수 없어요. 우리는 이 지구에 잠시 머물다 가는 존재입니다. 미래 생명은 계속 살아야 하고요. 그런데 우리가 당장 편리하다고 지구의 자원을 끊임없이 소비해 버린다면, 또 그 결과 생태계가 심각하게 훼손된다면, 미래 세대는 어떻게 되겠어요. 열악한 환경 속에서 고통스럽게 살겠지요. 이거 무책임한 일 아닌가요?

에너지를 아끼고 소비를 줄이는 일에는 불편이 따릅니다. 기업 입장에서는 비용이 들어요. 석유 쓰면 될 일을 대체 에너지 써야 하고 일회용 포장하면 될 일을 재활용 포장지를 써야 하잖아요. '효율적'이지 못합니다. 그럼에도 독일은 이런 원칙을 가르치고 실천하는 일에 인색하지 않아요.

우리는 그렇지 않습니다. 미래 세대에 대한 책임의식이 없어요. 당장 내가 먹고사는 게 중요할 뿐이지요. 왜 그럴까요? 돈이 지배하는 사회이기 때문입니다. 소비를 해야 경제가 활성화되고 그래야 일자리가 생기고 나라가 부강해진다, 이 논리잖아요. 진보건 보수건 여기서 벗어나질 못합니다.

지금 한국은 엄격한 의미에서 보면 '민주주의 사회'가 아닙니다. 과거의 '군사 독재' 시대에서 '자본 독재' 시대로 이행했을 뿐인지도 모릅니다. 자본의 논리가 전면적으로 지배하는 사회가 되었습니다. 모든 사람이 자본가들이 쓰는 용어를 사용합니다. 우리는 단 하루도 구조 조정이니 생산성이니 경쟁력이니 하는 말들을 듣지 않고 살 수 없습니다.

독일 학생들이 한국에 오면 깜짝 놀라요. 대학 주변이 온통 상가로 둘러싸여 있잖아요. 먹자골목에, 패션가에, 온통 시장판입니다. 소비에 신중해야 한다고 믿는 그 나라 학생들 눈에 한국은 소비의 왕국입니다.

독일 학생들은 만 18세가 되면 독립합니다. 우리로서는 상상도 못 할 일이지요. 당장 집 나가면 어디서 사나요? 학비 대기도 힘든데 공부하고 돈 벌면서 서울에 거처를 마련하기란 불가능합니다. 독일 학생들이 독립할 수 있는 배경에는 정부의 지원이 있습니다. 나라에서 생활비를 줍니다. 물가 상승분을 고려해서 3년에 한 번씩 주지사와 학생 대표가 협상해서 액수를 정해요. 지금은 1000유로쯤 됐을 거예요. 우리 돈으로 120만 원가량을 월급처럼 받아요. 집값도 우리처럼 안 비싸니까 아르바이트 좀 하고 그러면 생활이 가능하죠.

지금 독일에서는 소비 포기 운동이 번져가고 있다는 〈슈피겔〉의 보도를 읽은 적이 있습니다. 많은 대학생들이 소비하지 않는 삶을 실천하고 있대요. 덜 먹고 나눠 먹는 거예요. 이발비도 아까워서 긴 머리를 묶고 다니는 남학생, 생머리로 다니는 여학생이 부지기수예요. 심지어 뜨개질하는 남학생들도 많아요. 옷도 만들어 입겠다는 겁니다. 과거 히피들이 그랬던 것처럼 일종의 문화적 저항 운동으로서 반소비의 삶을 추구하는 사람들이 늘고 있는 거지요.

마지막으로 독일 교육의 세 번째 핵심 영역인 정치 교육을 보겠습니다. 여러분 정치 교육이 뭘까요? 정치 제도를 배우는 것 혹은 민주주의의 역사를 배우는 것도 정치 교육일 수 있습니다. 그러나 독일 교육에서 말하는 정치 교육은 바로 비판 교육이에요. 이게 독일 교육의 가장 큰 특징입니다. 전 세계에서 '비판'을 교육의 기본 원리로 채택한 나라는 아마도 독일이 유일할 거예요. 보통 '교육'이라 함은 한 사회의 가치를 내면화해서 적응하도록 돕는 일, 즉 사회화 과정의 일환입니다. 그런데 독일 교육에서는 '적응'보다 '비판'을 더 중시한다는 거지요. 이걸 이해하려면 1970년대 독일의 교육 개혁 이전으로 돌아가야 해요.

당시 유럽을 뒤흔든 일대 사건이 있었습니다. 바로 1968년 5월 프랑스에서 일어난 '68혁명'이에요. 베트남 전쟁에 대한 반대 운동에서 시작되어 기성 질서 전반에 대해 청년들이 반기를 들면서 격화된 이 운동은 곧 유럽 전역을 휩씁니다. 여기서 다 설명할 수 없지만 간단하게 말씀드리면 기존 질서를 부정하고 새로운 가치를 추구했던 운동이었습니다. 이 68혁명의 주역들이 독일의 반권위주의 교육 개혁을 이끈 중심 세력이 됩니다. 이들은 자신을 아도르노의 정신적 제자라고 부르며 아도르노가 제시했던 교육 이념들을 구현하는 데 앞장섭니다. 당시 독일은 물론 유럽을 휩쓸던 사상 중 하나가 아도르노가 속해 있던 프랑크푸르트학파의 비판 이론이었어요. 이것이 교육계에 옮겨가서 '비판 교육학'이 됩니다.

비판 교육의 핵심은 구성원들을 기존 사회에 잘 적응시키는 게 아니에요. 반대로 기존 질서에 대한 비판 의식을 가진 시민을 길러내는 게 목적입니다. 이전에 없던 새로운 교육의 등장이었어요. 사실은 교육에서 적응과 비판은 모두 필요한 가치입니다. 하지만 독일에서는 비판이 훨씬 더 강조된 것이지요. 덕분에 115만 난민을 받아들이는 성숙한 정치의식도 생겨날 수 있었던 거지요.

이러한 비판 교육이 우리에게 시사하는 점이 뭘까요? 사례를 하나 들어보겠습니다. 국제 학업 성취도 평가PISA라는 게 있어요. 전 세계 각 나라의 학생들 학업 성취도를 비교 평가하는 겁니다. 결과를 보면 한국은 OECD 국가 중 최상위권이에요. 일본, 핀란드, 캐나다 이런 나라들이 상위권입니다. 독일은 그저 중위권 정도에 불과합니다.

독일 국영3방송에서 특별 취재팀을 구성해서 한국 교육의 현장을 취재하러 온 적이 있습니다. 그렇게 해서 다큐멘터리를 제작했는데 애초의 제작 의도와 달라졌다고 합니다. 처음에는 교육 다큐멘터리를 생각하고 왔는데 나온 건 인권 다큐멘터리예요.

학업 성취도가 그렇게나 높다는 데 뭐 좀 배울 게 없나 하고 왔던 독일 친구들이 한국 학생들의 현실을 보더니 경악한 거예요.

어떻게 이럴 수가 있느냐, 이렇게 아이들을 학대하는 게 어떻게 교육일 수 있느냐, 이런 내용으로 갑니다. 그러면서 자기들 교육 방향이 옳다는 걸 다시 한 번 확인하지요.

독일은 평가 방식부터가 달라요. 우리처럼 사지선다형 정답 맞추기는 교육이 아니라고 봐요. 단답형 문제도 없습니다. 단순한 지식을 묻는 것은 아무 의미가 없다는 거예요. 예전부터 그랬어요. 독일이 교육 철학이 강하잖아요. 그래서 글자를 배우는 순간부터 글쓰기를 시작합니다. 암기나 문제 풀이는 없어요. 그리고 항상 발표를 시키면서 '나'에서 시작하도록 가르칩니다. 누가 이랬다 저랬다가 아니라 나는 이렇게 생각한다, 로 가는 거예요.

제가 몇 년 전에 한국에서 대안학교를 나오고 베를린에서 1년간 교환학생으로 지내고 돌아온 아이와 이야기를 나눈 적이 있습니다. 이 친구가 독일어는 잘하지 못해도 영어는 잘 한대요. 그래서 의사소통을 영어로 어느 정도 할 수 있었나 봐요. 그런데 학교에 가자마자 계속 애들이 쫓아다니면서 묻더래요. "네 생각은 어떠니?" 이 말을 아주 지겹도록 들었다고 합니다. 그래서 한 일주일쯤 지난 어느 날 자기 방에서 진지하게 생각을 해봤대요. '정말 내 생각은 뭐지?' 그리고 놀라운 발견을 합니다. 자기 머릿속에 '자신의 생각'이 없다는 사실을 처음 알았답니다.

저는 이게 한국식 교육의 한계를 단적으로 보여준다고 생각해요. 내가 아닌 남의 생각, 주입된 지식으로만 가득하지 정작 중요한 내 생각은 없어요. 그런 맥락에서 독일 비판 교육의 핵심이 바로 '내 생각 만들기'입니다.

어떤 텍스트를 주면서 그 텍스트가 생산된 시대와 작가에 대해서 명확하게 이해하게 해요, 그 다음에 텍스트를 분석하죠, 그런 다음 거기에 대한 생각, 비판적 견해를 반드시 적게 해요. 그래야 텍스트 하나를 이해한 거라고 봐요. 마지막 자기 의견이 없으면 점수를 못 받아요. 그러니 독일 친구들이 자꾸만 "네 생각은 어떠니?" 했던 거예요. 이렇게 단련된 친구들은 제대로 토론을 합니다. 눈치 보지 않고 자기 의견을 말하고 그만큼 다른 사람의 의견을 존중하지요.

우리는 토론 참 어렵죠. 배워본 적이 없잖아요. 내 생각 자체가 없는데 어떻게 의견을 나눠요? 정답 외우기 교육의 한계입니다. 그런데 '정답'이란 게 뭐예요? 누군가 그렇다고 정해놓은 거잖아요. 그래서 위험해요. 의심하지 않기 때문입니다. 누가 이게 정답이라고 정해버리면 비판 의식 없이 그냥 외워요. 당연히 기존 질서, 기존 권력이 강화됩니다. 그래서 비판 교육이 굉장히 중요하고요.

독일 정치 교육의 두 번째 특징은 반권위주의 교육이에요. 한국은 대단히 권위적인 사회입니다. 민주주의는 크게 정치, 사회, 경제, 문화의 영역으로 나누어볼 수 있습니다. 각 영역에서 얼마나 민주화가 진전되었느냐가 한 사회의 민주주의 정도를 가늠할 수 있겠지요. 우리가 보통 한국의 민주주의를 말할 때는 주로 '정치' 민주화를 말합니다. 삼권분립, 공정한 선거, 정당 정치, 이런 걸 보면 민주주의가 어느 정도 정착이 되었다고 할 수 있어요. 정치 영역은 기득권층이 해방 이후 지난 70년 동안 빼앗긴 유일한 영역입니다. 나머지 사회, 경제, 문화 영역은 여전히 강고하게 지배하고 있어요. 사실 한 번도 흔들린 적이 없습니다.

사회 민주화나 경제 민주화는 예를 들면 학교나 기업을 보면 알 수 있지요. 우리나라에선 많은 대학이 재단의 전횡에 신음하고 있습니다. 재벌이 지배하는 대학은 가장 심각하지요. 한 사회의 최고 지성이라고 하는 교수 집단도 이들의 전횡을 어쩌지 못해요. 대학이 전혀 민주화되지 못한 이유입니다. 기업은 말할 것도 없지요. 재벌 총수들은 거의 신에 가까운 권력을 행사합니다. 아무도 거기에 이의를 제기하지 못해요.

독일은 대학의 경우 구성원들이 직접 참여하여 대학을 운영합니다. 대학의 구성원인 교수, 학생, 강사/조교학문 중간층의 3자가 권력을 3분의 1씩 분할하고 있습니다. 이를 3분할 원칙이라고 하지요. 고등교육 기관인 대학이야말로 가장 민주적으로 운영되는 모범적인 조직이 되어야 한다는 것이지요. 재벌들이, 혹은 족벌들이 전횡하는 한국 대학과는 비교할 수가 없지요.

독일에서는 또한 경영자와 노동자 간에도 우리와 같은 주종관계가 존재하지 않습니다. 급여를 받고 노동력을 제공하는 계약 관계일 뿐이죠. '갑질'이라는 게 있을 수 없습니다. 제도적으로 기업 내 민주주의가 뒷받침되어 있어요. 독일의 대기업들은 노동 이사제를 두고 있습니다. 큰 기업들은 대체로 20명 내외의 이사를 두고 있는데 그중 절반이 노동 이사예요. 나머지 10명이 주주 이사입니다. 이 이사회에서 사장을 뽑아요. 노동자 조직에 비해 주주들은 대체로 분열되어 있지요. 그래서 노동자들의 영향력이 상당히 큽니다. 이런 회사에서 노동자에 대한 '갑질'이 가능하겠어요? 당연히 노동자들의 삶의 질이 향상됩니다. 그게 바로 독일 기업의 힘이고요. 2008년에 세계 금융 위기가 왔을 때 독일은 오히려 더 잘나갔잖아요. 해고 없이 노동 시간을 자율적으로 줄이고 임금을 낮추면서 생존해나간 거예요. 위기가 닥쳤을 때 노동자들에게 책임을 전가하는 대신 합의를 통해 극복해 나가는 기업 문화, 정말 부럽지 않습니까? 우리가 지향해야 할 방향입니다. 유럽 연합 28개국 중에서 18개 나라가 독일 같은 '노사 공동 결정제'를 두고 있습니다. 50퍼센트의 노동 이사를 두고 있는 나라는 독일이 유일하고, 대개 30퍼센트를 노동자 몫의 이사로 두어요. 그 정도만 해도 기업 문화가 훨씬 민주적으로 바뀝니다. 물론 우리에겐 아직도 갈 길이 멀죠.

경쟁 교육에서 연대 교육으로

지금껏 독일 교육을 이야기했으니까 이제 우리 사회를 한번 살펴볼까요? 우리는 지금 어떻게 살고 있는 걸까요?

우리나라는 전 세계에서 가장 불평등한 나라가 됐어요. 특히 경제적 불평등은 말로 표현할 수가 없는 지경이 되었어요. 최근에 나온 많은 지표들을 보면 불평등의 상징으로 알려진 미국과 멕시코를 넘어서고 있습니다.

한국의 민주주의는 상대적으로 아시아의 다른 나라보다 수준이 높은 것이 사실입니다. 일본만 해도 우리보다 훨씬 못하잖아요. 저는 동경대에 친구들이 몇 명 있는데, 이들은 대부분 한국 민주주의를 매우 부러워합니다. 그럴 만하죠. 일본 민주주의는 일종의 '봉건 민주주의' 상태입니다. 일본은 지배 계층이 한 번도 뒤집힌 적이 없습니다. 과거의 봉건 귀족들이 옷만 갈아입고 다시 나와서 '의회'에 앉아 지배하고 있는 셈이지요. 우리는 그렇지 않잖아요. 김대중, 노무현 등 역대 대통령들의 면면을 보더라도 하층민의 자식들이 최고 권력자 자리까지 갔잖아요. 그런 나라는 많지 않습니다. 일본에서는 상상도 할 수 없는 일이죠. 그러니까 우리나라는 민주주의의 탄력성이 대단히 높은 나라예요.

우리 근현대사에서 지배 질서가 두 번 뒤집힙니다. 한 번은 일본 제국주의에 의해 기존의 봉건 지배 집단이 붕괴되었고요. 그럼에도 문화적 헤게모니는 계속해서 잔존하며 영향력을 행사했지요. 정치적인 권력은 잃었지만 소위 양반으로서 지역에서는 여전히 문화적 권력을 행세합니다. 그러다가 또 한 번 한국 전쟁으로 인해 기존의 봉건 세력은 문화적 헤게모니조차 잃게 됩니다. 정치적으로나 문화적으로나 기존의 권력이 이렇게 급격히 붕괴된 것은 세계사적으로도 흔치 않은 경우예요. 그 결과 한국은 대단히 평등 지향적 사회가 되었습니다. 극단적 학벌 사회는 바로 이런 평등 지향적 사회의 부작용인 셈입니다. 아무튼 한국은 일본 등 아시아의 어떤 국가보다도 민주화된 국가라고 할 수 있어요.

하지만 경제적 불평등은 심각한 문제입니다. 각종 지표를 보면 놀랄 지경입니다. 소득 불평등이나 부동산 불평등의 지표를 보면 한국은 세계 최고 수준의 불평등 국가예요. 경제학자 정태인 교수는 한국은 세계에서 가장 불평등한 나라가 아니라, 자본주의 역사상 가장 불평등한 나라라고 주장할 정도이지요. 불평등이 극에 달했던 1830년 프랑스 7월 혁명 당시보다 우리의 불평등이 더 심하다는 지적이지요.

일은 세계에서 제일 많이 합니다. 노동 시간이 세계 최고 수준이지요. 독일인보다 2배 가까이 더 일해요. 학생들은 잠도 못 자고 공부합니다. 수면 시간이 세계에서 꼴찌입니다. 자살률은 OECD에서 단연 1등이지요. 특히 노인 자살률이 심각합니다.

이유는 무엇보다도 노인 빈곤 때문이에요. 절반에 가까운 노인들이 빈곤에 시달리고 있어요. 2퍼센트 정도인 독일에 비하면 엄청난 수치죠. 거의 사회적으로 방치되어 있습니다.

그리고 또 하나 성차별이 우리 사회의 중요한 갈등 요소로 자리하고 있죠. 한국은 양성평등 지수가 매우 낮은 나라예요. 최근 미투 운동이 한국 사회를 흔들고 있잖아요. 그만큼 여성 억압적인 사회라는 방증입니다. 한국의 가부장적 문화와 이중적 성 인식이 밑바탕에 있어요. 공적으로는 도덕적 엄숙주의가 지배하지만, 일상에서는 곳곳에서 성을 거래하고 착취합니다. 기업에서 2차 접대는 당연히 성 접대로 여겨지는 나라가 또 어디에 있습니까? 노래 부르러 가서 여성 '도우미'를 찾는 나라가 또 어디 있을까요? 이것은 지극히 왜곡된 한국의 성 문화에서 비롯된 것입니다. 앞서 말씀드렸듯이 우리를 '권위주의적 인간'으로, 즉 권위 앞에 굴종적인 인간으로 만드는 그 억압적인 성 인식 말입니다.

미투에서 문제시되는 성폭력이나 성추행 등은 개인의 문제가 아닙니다. 개인만을 공격하는 것은 너무 안이한 태도이지요. 그것은 한국 사회를 특징짓는 문화의 문제, 구조의 문제입니다. 오히려 이렇게 묻는 것이 정직합니다. 한국에서 12년 동안 정규 교육을 받고 2년 동안 군대에 다녀온 남성이 정상적인 인간이 되는 것이 가능할까요? 저는 거의 불가능하다고 봐요. 성평등에 대해 배워본 적도 없고, 올바른 성교육을 받아본 적도 없는 자가 품격 있는 성 의식을 가질 수 있을까요?

그나마 최근 한국의 공론장에서 성에 대한 담론이 논의되기 시작되었다는 점은 굉장히 중요한 발전이라고 생각합니다. 우리가 이제 솔직하게 성에 대해 이야기해야 해요. 올바른 성이 무엇인지, 한국 남성들의 왜곡된 성 인식의 기원은 무엇인지, 그 해결책은 무엇인지 우리는 함께 머리를 맞대고 터놓고 이야기할 때가 되었습니다.

마지막으로 저항권 교육에 대해 간략히 이야기를 나누고 마무리할까 합니다.

독일은 저항권 교육이 교육부 지침으로 규정되어 있어요. 독일은 교육이 주 정부 관할이라 주마다 달라요. 노르트라인베스트팔렌 주의 교육부 지침을 보지요. 내용을 보면 '수용할 수 없는 지배 관계와 사회적 억압에 대한 저항 능력', '저항 기술에 대한 지식' 등을 가르쳐야 한다는 것입니다. '개혁적 혹은 혁명적 성격의 기획을 실현하는 능력'도 가르쳐야 하구요.

우리로서는 상상이 안 가죠. 이런 걸 배우니 초등학생들이 난민 받으라고 시위도 하고 그럴 수 있는 겁니다. 관청 앞에서 어린 친구들이 시위할 때 항상 옆에 있는 사람들이 누구예요? 바로 68세대입니다. 교육 개혁을 주도했던 바로 그 세대가 손자의 손을 잡고 서 있어요. 이것이 전형적인 풍경입니다. 감동적이지 않습니까? 지금 독일은 노인들이 가장 진보적이에요. 68혁명을 체험

한 68세대가 여전히 독일을 올바른 방향으로 이끄는 견인차 역할을 하고 있습니다. 한국도 이러면 얼마나 좋을까요?

이제 우리는 미래 세대라도 새로운 사회, 새로운 인간으로 살 수 있도록 도와야 해요. 경쟁 교육을 당장 멈춰야 합니다. 경쟁 없는 학교, 교감하는 교육을 시작해야 해요. 독일처럼 엘리트 교육 받고 싶으면 영국으로 가라고 당당하게 말할 수 있어야 합니다.

반권위주의적인 교육, 비판 교육을 통해 책임 의식을 가진 당당한 민주 시민으로 우리 아이들이 커갈 수 있도록 해야 합니다. 경쟁 교육에서 연대 교육으로 전환해야 할 때가 됐어요. 온 국민에게 열등감을 심어주는, 인간을 수직 계열화하는 이런 병든 사회를 넘어서야 합니다. 경쟁이 곧 발전이고, 공정성만 담보된다면 심지어 정의라고 주장하는 무한 경쟁의 신화에 빠진 사회, 자기 착취가 한계에 달한 탈진 사회, '오만과 모멸의 체제'로 이루어진 병든 사회를 이제 극복해야 합니다.

마지막으로 한 말씀만 더 드릴게요. 독일은 대학에 들어갈 때 따로 시험을 안 봅니다. 고등학교 졸업 시험만 봐요. 대다수의 학생들은 이 시험을 통과합니다. 대학에 가길 원하는 아이들은 거의 다 대학에 갈 수 있는 거예요. 그런데 이 친구들이 졸업 시험 끝나고 나서 바로 대학에 안 가요. 세계 여행도 다니고 연애도 하면서 인생을 즐깁니다. 돈 벌고 싶은 아이들은 직장에 들어가고요. 그리고 독일은 엘리트 대학이 없어요. 우리나라처럼 대학이 서열화되어 있지 않아요. 대학에 순위 매기는 건 어디까지나 미국식입니다. 유럽은 안 그래요. 프랑스에서는 한때 엘리트 대학이 있었지만 고등학생들이 거리로 쏟아져 나와 '우리는 공부하는 기계가 아니다', 이렇게 외치면서 결국 없애버렸지요. 소르본 대학이 그렇게 없어졌어요. 대신 파리 1대학, 2대학, 3대학…, 이렇게 체제가 개편됐습니다.

독일 학생들은 고등학교 졸업 시험을 통과하면 원하는 대학, 원하는 학과를 원하는 때에 갈 수 있는 권리를 갖게 됩니다. 대학도 마음대로 옮길 수 있어요. 의대 등과 같이 인기 학과에 학생들이 몰리는 경우는 어떻게 할까요? 주마다 대학마다 다르지만, 초기에는 추첨을 가장 많이 했습니다. 고등학교 졸업 시험 성적을 반영하길 원하는 학부모들 때문에 이를 입학 전형에 반영하는 대학도 물론 있습니다. 그러나 성적은 20퍼센트 이상은 반영할 수 없다는 규정이 있어요. 대체로 대기 연한이 긴 학생일수록 입학에 유리합니다. 그러니 어떤 학생이 꼭 의대에 들어가고 싶다고 생각하면 대개 2, 3년 기다리면 입학할 수 있어요. 대학 입장에선 가장 열의에 찬 학생을 받아들이는 셈이지요.

우리처럼 성적순으로 줄 세우는 짓은 하지 않아요. 모두가 받아들일 만한 합리적인 방식으로 문제를 푸는 거예요. 사정이 이러니 열등감이나 우월감이 생길 리가 없죠.

제가 아는 빈프리트 베버라는 독일 대학교수는 이런 말씀을 해요. "한국은 원샷 사회고, 독일은 텐샷 사회다." 한국에는 단 한 번의 기회가 있고 독일은 10번의 기회가 있다는 말이지요. 한 번의 시험으로 한 사람의 인생을 판가름하지 않는다는 얘기예요. 인간의 잠재력을 믿고 기다려주는 넉넉함이 부러운 사회입니다. 저는 이것이 독일을 지금 세계에서 잘나가는 나라로 만든 원동력이라고 봅니다. 우리도 그럴 수 있어요. 경쟁 교육을 연대 교육으로 바꾸면 가능합니다.

이상으로 강의를 마치겠습니다. 고맙습니다.

2강. 서구 중심에서 벗어나 바라보는 '이슬람 세계'

이희수 | 성공회대학교 석좌교수 / 이슬람 문화연구소 소장

이희수(성공회대학교 석좌교수 / 이슬람 문화연구소 소장)

한국인 최초로 터키 국립 이스탄불 대학교에서 박사 학위를 취득한 문화 인류학자이자 이슬람 문화 최고 권위자. 이스탄불 마르마르 대학교 조교수, 이슬람 역사 · 문화 · 예술연구소와 튀니지 대학교 사회경제연구소 연구원을 거쳤고, 한국중동학회 회장을 역임했다. 현재는 한양대학교 문화인류학과 특훈교수, 성공회대학교 석좌교수 겸 이슬람문화연구소 소장, 한국-터키 친선협회 사무총장으로 재직 중이다. 『이희수 교수의 이슬람』, 『이슬람과 한국문화』, 『톡톡 이슬람』, 『이슬람 문화』, 『터키사』, 『어린이 이슬람 바로 알기』 등 다수의 저서를 집필했다.

2강
서구 중심에서 벗어나 바라보는 '이슬람 세계'

반갑습니다. 오늘 이슬람 세계에 대해 말씀드릴 이희수입니다. 여러분, 아랍 혹은 이슬람 하면 어떤 이미지가 떠올라요? 석유, 아름다운 문화유산을 떠올릴 수도 있고 어떤 분은 전쟁, 테러리스트와 같은 부정적인 느낌을 가질 수도 있습니다. 종교적으로도 기독교와 대립 관계에 있다 보니 극우 종교단체의 공격 대상이 됩니다. '이슬람 포비아Islamophobia'라고 해서 서구 세계는 예전부터 이슬람이 두려움의 대상이었습니다. 그런 시각을 우리도 갖고 있다고 할 수 있어요. 그러나 여기서 중요한 것은 우리가 이슬람 세계를 우리 눈으로 보다 균형 있고 객관적으로 바라보는 것 아니겠어요?

과연 우리에게 이슬람 세계는 어떤 의미를 갖고 있을까요?

보편적 인권과 상대주의적 역사관

20세기 우리 현대사에서 이슬람 지역과 관련한 두 가지 주요 사건이 있었습니다. 하나가 1970년대 건설업 진출이고 다른 하나는 두 차례에 걸친 오일 쇼크입니다.

우리 건설업체가 중동 지역에 진출하면서 20여 년간 연인원 약 110만 노동자들이 그곳에서 일했습니다. 엄청난 규모지요. 그들이 피땀 흘려 하루 24시간 3교대로 일하면서 벌어들인 달러가 우리 산업의 근간이 되었어요. 그다음이 두 차례의 오일 쇼크였지요. 석유 값이 급상승하면서 전 세계 경제가 타격을 입었습니다. 에너지 의존도가 높던 우리나라도 큰 피해를 보았지요. 1970년대의 일이지만 두 사건은 지금껏 우리 국민의 머릿속에 깊이 각인되어 있습니다. 그러다가 최근에 또 이슬람 세계와 관련한 큰 사건이 하나 벌어지지요. 바로 9·11 테러입니다. 이를 계기로 우리에게 20세기 이슬람은 세 개의 키워드로 정리가 됩니다. 건설, 석유, 테러, 이 세 개의 창으로 그들을 보게 됩니다.

그런데 이슬람 세계도 사람 사는 곳이잖아요. 그 사람들은 뭘 먹고 사는지, 젊은 세대들은 어떤 고민을 하는지, 21세기를 어떻게 준비하고 있는지, 그들의 역사, 문화와 문명은 어떤지 생각조차 않고 지내왔습니다. 모든 것이 이 세 개의 눈으로 그려져요. 교육의 영향도 큽니다. 일부 역사학자나 사회학자들을 제외하고는 이슬람 세계에 관심을 갖지 않습니다. 우리의 세계는 북미와 유럽, 일본, 중국 같은 몇 개의 나라로 이루어져 있어요. 세계를 넓은 시야로 보지 못합니다.

이런 문제의식에서 출발하여 오늘 강의는 선입견과 종래의 서구 중심적 시각에서 벗어나 있는 그대로의 이슬람을 보고자 합니다. 지난 1000년 간 세계 최고의 과학과 기술과 문명으로 세상의 중심에 섰던 이슬람 세계의 본 모습을 우리 입장에서 한번 살펴보려고 해요.

강의를 시작하기 전에 먼저 두 가지를 강조하고 싶은데요. 하나는 인권 감수성을 가지고 접근하자는 것입니다. 인권의 기본적인 속성이 '보편성'이잖아요. 누구에게나 생명이 소중하듯이 모든 이에게 인권은 반드시 보장되어야 합니다. 그런데 실제로는 그렇지 않지요. 예컨대 우리가 전쟁을 배경으로 한 영화를 보면서 주인공의 활약에 박수를 보냅니다. 하지만 '적'으로 상정된 사람들이 얼마나 많은 희생을 당하고 있는지는 눈에 들어오지 않아요. 소위 말하는 테러와의 전쟁으로 희생된 사람 수가 50만 명에 달하고 그중 절반이 민간인입니다. 당연히 절대다수가 이슬람 지역 사람들이겠지요. 우리는 이러한 사실들을 잘 알지 못합니다.

인권의 가장 중요한 덕목 중에 하나는 모든 생명의 가치와 무게는 동등하다는 것입니다. 말은 쉽지만 실천이 어렵지요. 세상에서 자기 생명이 가장 중요하잖아요. 그다음이 가족이고요. 하지만 좋은 인권과 나쁜 인권이 존재하지 않듯이 가치 있는 생명과 가치 없는 생명이라는 개념은 없어요. 그 자체로 어불성설이지요. 그런데 이처럼 보편성을 띄어야 할 인권이 적용되지 않을 때가 있습니다. 저는 이슬람 지역에서 오랫동안 지냈어요. 매일매일 사람이 죽어가는 현장에서, 그런 사회에서 공부하면서 마음속에 늘 그런 질문이 있었습니다. 우리가 이슬람 세계를 바라볼 때 선입견은 없는지, 간과하고 있는 것은 없는지 생각해야 합니다.

또 하나는 상대적, 역사적 관점입니다. 인류학에서 '문화 상대주의'라는 것이 있습니다. 문화에는 옳고 그름이 없다는 개념이지요. 저는 역사에도 상대주의가 필요하다고 봅니다. 인류학자에게 역사란 한 지역 공동체가 절절히 살아낸 삶의 궤적의 총량입니다. 이런 개념에 의하면 역사가 없는 공동체는 없어요. 그런데도 우리는 강자의 역사만 기억합니다. 우리 교과서에 쓰여 있는 역사가 그래요. 강대국, 식민지를 건설했던 나라들이 만든 논리로 세계를 이해해요. 편견과 고정 관념에서 벗어난 역사적 시각이 필요해요.

제가 처음에 이스탄불 대학으로 유학을 갔을 때 주변에서 만류가 심했습니다. 나와 봐야 학문적으로 인정받겠느냐는 거예요. 우리 학문적 분위기가 서구, 그중에서도 강대국 중심이잖아요. 뒤집어서 얘기하면 그쪽 입장에서는 저 같은 사람이 굉장히 희귀한 거예요. 어쨌든 그런 상황이었는데 하루는 이스탄불 대학의 교수가 유엔 회원국이 몇 나라인지 아느냐고 물어요. 당시는 대략 190개국이었습니다. 그래서 대답을 했더니 질문이 이어져요. 그중에서 서구 강대국을 제외하고 서구의 식민지 경험이 없는 나라가 하나 있다, 어디인지 아느냐? 금방 생각이 안 나더군요. 지도 교수가 "바로 너의 조국인 코리아다." 이렇게 말합니다. 당시 충격을 받았습니다. 일제강점기만 생각했지 서구의 지배를 받은 적이 없다고는 생각해 보지 않았거든요. 170여 개의 나라가 1, 2차 세계대전 전후로 만들어진 신생 독립국가예요. 이때 비로소 서구의 지배로부터 벗어납니다. 우리나라만 빼고요. 그래서 한국은 서구에 대한 이미지가 좋아요. 외려 일제로부터 우리를 해방시켜 준 협력자, 구세주로 서구를 인식해 왔죠. 실제로 해방 이후 초강대국인 미국의 지원을 받지요. 그래서 서구의 지배에서 벗어난 나라들이 상당수 사회주의를 선택하는 데 비해 우리나라는 자본주의 체제가 정착됩니다. 이후 사회 체제는 물론 세계를 보는 시각까지 영향을 받지요.

우리는 조선 후기에 개혁, 개방과 자본주의를 주체적으로 받아들일 기회가 있었어요. 그러나 폐쇄적인 정책을 선택하지요. 반면 일본은 개항을 하고 메이지 유신을 통해 서구 근대 문명을 받아들이지요. 안타깝게도 조선은 망국의 비운을 맞고 가혹한 일제 식민지 생활을 하다가 마침내 독립을 합니다. 이후 서구식 근대 교육 기관이 들어서지요. 그들이 만들어준 교과서를 번역해서 처음으로 글로벌 세상을 이해하게 됩니다. 오늘날까지 이러한 시각은 변함없어요. 즉, 우리에게 세계사는 곧 서양사였습니다.

그러다 1980년대에 민중 사관이 생깁니다. '왜 우리가 강대국의 역사만 알아야 하느냐' 하는 비판이 일어요. 민주화 이후에는 동양사에 대한 관심이 커집니다. 우리가 사는 곳, 아시아의 역사를 제대로 배워야 한다는 거예요. 그래서 1980년대 중후반이 되면서 대한민국 역사 수업에 동양사가 들어갑니다.

지금 200개 이상의 4년제 대학 교양 과목에 역사 교육 과정이 개설되어 있는데 거의 대부분 서양사, 동양사, 한국사 편제입니다. 그래서 아직 갈 길이 멀어요.

혹시 여러분, 아메리카의 마야나 잉카 문명에 대해 학교에서 배운 적 있나요? 동남아시아는 어떻습니까? 우리와 인적, 경제적 교류가 엄청나게 많지만 아직 우리는 그들의 역사를 알지 못해요. 남북통일이 화두고 통일이 이루어지면 철도가 연결되면서 유라시아의 시대가 열린다고 합니다. 이에 따른 경제적 효과도 기대하고 있고요. 하지만 우리는 유라시아, 시베리아, 중앙아시아의 역사를 알지 못해요. 아프리카는 또 어떤가요? 21세기 마지막 자원의 보고라는 아프리카에 대해 우리는 무엇을 알고 있습니까? OECD 통계에 의하면 우리나라의 대외무역 의존도가 95퍼센트쯤 됩니다. 무역 의존도가 상당히 높은 나라예요. 세계를 상대로 무역을 해서 먹고살아야 한다는 얘기입니다. 앞으로도 이런 상태는 쉽게 바뀌지 않을 거예요.

제가 기업 경영자들을 대상으로 강의를 많이 하는 편인데요, 이분들이 정말 공부를 열심히 합니다. 외국의 경제학 이론은 물론 인문학적인 지식도 상당합니다. 이분들에게 21세기 경영 철학의 기본이 무엇이냐고 물어보면 다양한 의견이 있지만, 결론은 대략 고객 가치, 고객 중심으로 귀결됩니다.

그랬을 때 제가 말합니다. 세계와 무역을 해서 먹고사는 나라가 협소한 세계관을 가지면 되겠느냐고 말해요. 우리가 거의 무지한 이슬람만 해도 지구촌 인구의 4분의 1을 차지하거든요. 57개국 17억 인구를 오해와 편견 속에 내버려두고 글로벌화를 이야기한다는 것은 허구가 아닐까요?

그동안의 세계사 교육이 잘못되었기 때문입니다. 강대국 중심의 역사, 서구의 시각으로 보는 세계사를 그동안 배워왔어요. 그렇다고 실망할 필요는 없습니다. 지금부터 바꾸면 돼요. 어쩌면 강대국 중심의 일극 체제에서 다변화된 세계로 이행하는 지금이 상대주의적 역사관, 세계관을 배우기에 적당한 시기인지도 몰라요. 이를 위해서는 이념적 접근이 아니라 문화적 실체로 접근하는 노력이 필요해요. 어떤 특정한 지식이 중요한 게 아니라 패러다임, 즉 인식의 전환이 필요해요. 그래서 지금까지 이슬람 세계의 역사를 이해하는 데 우선해야 할 두 가지, 보편적 인권과 상대주의적 역사관을 말씀드렸습니다. 이어서 이슬람의 역사를 간략히 돌아보는 시간을 가져보겠습니다.

역사적 앙숙, 유럽과 이슬람

여러분 '이슬람'Islam이 뭘까요? '평화'라는 의미입니다. 종교적 의미는 '복종'입니다. 이슬람교의 핵심 사상은 평화와 평등으로, 신에 대한 절대복종을 통해 내면과 지상의 평화를 이룬다는 궁극적 목표를 지향합니다. 한편 아랍Arab이라는 말은 문화적 표현으로 아랍어를 모국어로 사용하고 이슬람교를 주된 종교로 믿으며아랍 크리스천들도 있음, 스스로 자신의 정체성을 '아랍'이라고 주장하고 믿는 사람들의 공동체를 의미합니다. 이슬람교는 기원후 610년 메카에서 무함마드라는 예언자에 의해 완성됩니다. 이후 이슬람교는 토지공개념 제도의 도입과 조세 혁명, 계급 타파 등의 혁신적 정책으로 급속한 팽창을 거듭합니다. 632년 무함마드 사망 후 650년부터 정복 전쟁을 시작하고 이후 50년 만에 리비아, 알제리, 튀니지, 모로코 등 북아프리카 지역을 이슬람화해요. 이때 지도를 보시면 더 이상 갈 데가 없어요. 북쪽으로 지중해, 남쪽으로 사하라 사막이니까요. 그래서 유럽으로 진출합니다. 북아프리카와 이베리아반도 사이에 거의 붙은 지점이 있지요. 바로 지브롤터 해협입니다. 여기를 건너서 스페인으로 들어갑니다. 이게 우리나라 통일신라 초기인 711년이에요. 지브롤터는 바로 이 해협을 건넜던 이슬람 장군의 이름입니다. 20년 후인 732년 이슬람 세력은 프랑스의 수도 파리 코앞까지 진격합니다. 만약 파리가 무너졌다면 유럽 전체가 이슬람화되었겠지요. 유럽 입장에서는 절체절명의 순간인 거예요. 당시 프랑크 왕국의 군주였던 카롤루스 마르텔이 유럽 연합군을 결성하여 북상하는 이슬람 군대와 맞섭니다. 결사 항전 끝에 투르와 푸아티에 전투에서 방어에 성공하지요. 그래서 파리가, 유럽 전체가 살아남습니다. 투르-푸아티에 전투는 세계 10대 전쟁사로 기록되어 있어요. 유럽에게는 구세주 같은 전쟁이었습니다.

그렇지만 그 후 스페인을 포함한 이베리아반도 대부분은 800년 가까이 이슬람의 지배를 받습니다. 711년부터 이사벨라 여왕이 이베리아반도를 되찾는 1492년까지 그래요. 유명한 스페인의 알 함브라 궁전이 이사벨라 여왕에게 넘겨진 마지막 이슬람 왕궁입니다. 프랑스는 남부의 아비뇽, 마르세유, 니스 등이 이탈리아는 나폴리, 시칠리아 등이 200~230년간 이슬람의 지배를 받습니다.

여기서 끝이 아니지요. 1299년 오스만제국이 등장하면서 또

한 번 유럽은 위기를 맞습니다. 우선 1453년 콘스탄티노플이 함락되면서 동로마 제국이 멸망하지요. 그러면서 그리스, 마케도니아, 알바니아, 불가리아, 세르비아, 헝가리, 루마니아 일부가 이슬람화됩니다. 1683년에는 오스만제국의 군대는 오스트리아 수도 빈까지 진격합니다. 이게 유럽의 두 번째 위기입니다. 세 차례나 빈이 공격당하는데 이 지역이 무너지면 스칸디나비아까지 속수무책이에요. 당시 빈은 유럽 최강국인 오스트리아 합스부르크가의 심장부였습니다. 죽기 살기로 버티지요. 폴란드에서 원병이 오고 겨울이 되어 오스만제국의 군대가 철수하면서 유럽이 살아남습니다. 거의 함락 직전이었어요. 성을 완전히 포위하고 있었거든요.

빈 사람들은 적군이 물러가자 성 밖에 나와서 적군이 남기고 간 걸 먹습니다. 오스만 군대가 퇴각하면서 음식이나 기타 장비들은 짐이 되니까 두고 갔거든요. 그중 하나가 바로 커피였습니다. 자루에 보니까 작은 열매가 가득하거든요. 먹어 보니까 쓰기만 하지 영 맛이 없습니다. 그런데 커피에는 각성 효과가 있잖아요. 정신이 말짱해지고 배도 덜 고픕니다. 신기한 일이지요. 이 커피가 조금씩 유럽에 퍼집니다. 너무 쓰니까 설탕이나 우유를 타서 마셨지요. 우리가 아는 비엔나'빈'의 영어식 표현 커피의 시작입니다. 이후 유럽 전역으로 퍼지지요.

이 전투 후에 비로소 성 밖으로 나올 수 있었던 농부들은 오랜 만에 빵을 만들어 먹습니다. 얼마나 눈물겹겠어요. 한편 자기들을 이토록 힘들게 한 오스만제국이 너무 미웠겠죠. 그래서 오스만제국의 상징인 초승달 모양의 빵을 만듭니다. 꼭꼭 씹어 먹으면서 분을 삼켰던 거죠. 혹시 생각나는 빵 없으세요? 네, 맞습니다. 바로 프랑스어로 초승달을 뜻하는 크루아상입니다. 어떤 사람들은 전쟁에서 공을 세운 제빵업자가 적군의 상징으로 빵을 만들면서 시작되었다고도 해요. 어쨌든 당시의 전투에서 비롯한 것임은 분명합니다.

1683년은 이슬람 세력에게는 정복 전쟁의 극점이자 유럽인들에게는 공포의 극점이었던 해입니다. 이슬람 군대가 지브롤터 해협을 건넌 711년부터 빈이 공격당한 1683년까지 1000년 가까이 유럽은 이슬람의 공포 속에서 살아갑니다. 레판토 해전1571년 같은 부분적 승리는 있었지만 전세를 뒤엎지는 못했습니다.

여러분, 한번 상상해 보세요. 그 서슬 퍼런 중세 기독교 유럽 일부가 이교도 이슬람으로부터 1000년 가까이 지배당하고 나머지는 전쟁과 위협의 공포에 치를 떱니다. 이것이 바로 오늘날 서구가 이슬람 세계에 대해 갖고 있는 이슬람 포비아, 즉 이슬람 공포증, 이슬람 혐오증의 역사적 뿌리입니다. 뼛속 깊숙이 새겨진 적개심이지요. 그들 입장에서는 납득이 갑니다. 그러나 우리는 어때요? 아무 관련이 없습니다. 우리 역사에서 한 번도 이슬람과 적대 관계였던 적이 없어요. 그럼에도 여전히 서구 중심의 시각으로 이슬람을 바라봅니다.

다시 역사 속으로 들어가 봅시다. 1683년 이후 유럽과 이슬람 세계는 치열한 냉전기를 거칩니다. 그러면서 이 시기에 재기의 발판을 마련하죠. 스페인과 포르투갈이 남아메리카를 식민지로 삼고 영국은 인도를, 프랑스는 아프리카를 통치합니다. 이를 통해 확보한 노동력과 물자는 산업 혁명을 거치면서 자본주의를 탄생시키죠. 과학 기술의 발달로 신무기들이 발명됩니다. 그러면서 서서히 서구가 이슬람 세계를 밀어붙이기 시작합니다. 전세가 역전되는 거예요.

그 시작을 1798년 나폴레옹의 이집트 정복으로 봅니다. 이후 200여 년 동안 거의 모든 이슬람 세계가 단 한 지역의 예외도 없이 몽땅 서구의 지배를 받습니다. 우선 중동 전역은 영국과 프랑스가 분할 지배합니다. 리비아는 이탈리아가 지배하고요. 동남아시아의 이슬람 국가를 볼까요? 인도네시아가 네덜란드의 지배를 받죠. 필리핀 남부는 스페인이 인도 무굴 제국과 말레이시아는 영국이 통치합니다. 아프리카의 이슬람 지역은 어떨까요? 모로코, 알제리, 튀니지가 프랑스의 지배를 받습니다.

아랍이라는 거대한 하나의 공동체는 세계대전이 끝나면서 수십 개의 나라로 쪼개집니다. 오스만제국은 1차 세계대전 때 독일, 오스트리아와 연합했다가 패전국이 되면서 산산조각이 나지요. 승전국들에 의해 터키 본토까지 분할됩니다. 여기에 터키 민족주의자들이 독립 전쟁을 일으키지요. 그때 무스타파 케말이라는 영웅이 나타나서 영국과 프랑스, 그리스 등과 전쟁을 해서 터키 본토를 겨우 회복합니다. 1923년 터키 공화국이 수립되지요. 오늘날 우리가 알고 있는 터키가 바로 여기서 출발합니다. 뒤이어 이란이 1926년 영국으로부터 독립합니다.

2차 세계대전 전후로 중동을 지배하던 유럽 강대국들이 철수하면서 레바논, 시리아, 요르단과 이라크, 이집트가 독립합니다. 이 시기 눈여겨봐야 할 곳이 바로 팔레스타인 지역인데요.

2차 세계대전 중 히틀러의 나치 정권이 600만 유대인을 학살하는 홀로코스트를 벌이지요. 여기서 살아남은 약 64만 명의 유대인이 어디로 가느냐 하면, 당시 미국 대통령 트루먼의 주도로 1948년 팔레스타인 땅에 이스라엘을 세웁니다. 유대인 입장에서는 감격스러운 일이지요. 그러나 역사는 상대적입니다. 2000년 가까이 평화롭게 살고 있던 팔레스타인 사람들로서는 재앙이 아닐 수 없어요. 이들은 유럽에서 벌어진 끔찍한 인종 청소와는 아무런 관련이 없습니다. 그런데 느닷없이 이교도들이 밀고 들어와요. 갈릴리 호수와 요단강 주변 지역에 주로 사람이 사는데요, 여기서 수용할 수 있는 인구가 최대 100만입니다. 그런데 갑자기 64만이 들어오니까 원래 살던 사람들이 밀려납니다. 미국을 등에 업은 이스라엘 사람들이 팔레스타인 사람들을 핍박하지요. 이들 팔레스타인 난민이 빼앗긴 조국을 되찾겠다는 투쟁이 중동전쟁의 불씨가 되었다고 할 수 있어요. 그래서 오늘날 중동 지역은 아랍연맹 22개국과 페르시아제국의 후손인 이란, 오스만제국의 후예인 터키, 그리고 신생국 이스라엘, 이렇게 25개 나라가 있어요.

다시 유럽의 이슬람 지배 이야기로 돌아가 보지요. 1000년 동안 이슬람에 지배당하던 유럽이 거꾸로 중동 지역을 점령했을 때 어떤 일이 벌어졌을까요?

이교도들의 지배에 대한 모욕과 모멸감에 치를 떨었던 유럽이 거꾸로 200년 가까이 이슬람 세계를 지배하게 됐을 때 국제법에 따라서 신사적이고 멋있게 통치했을까요? 약탈, 고문, 인종청소, 민족 언어 말살 등 우리가 알고 있는 모든 비인간적 폭력이 자행됩니다. 그런데도 우리는 여기에 대해 한 번도 배운 적이 없어요. 땅을 빼앗긴 사람들의 처절한 역사와 기억은 사라지고 철저히 강대국, 지배자의 논리가 우리 교과서를 채우고 있기 때문입니다.

여러분 혹시 20세기 3대 인종 청소라는 말 들어보셨나요? 먼저 유대인 대학살이 있지요. 2차 세계대전 당시 약 600만 명의 유대인이 희생됩니다. 이걸 모르는 사람은 거의 없지요.

두 번째가 1차 세계대전 때 있었던 터키의 아르메니아 대학살이에요. 이때 100만 명 이상의 아르메니아인들이 희생당합니다. 이것도 역사에 관심 있는 사람이라면 어느 정도 알고 있을 거고요. 그런데 역사 속에 꼭꼭 숨겨진 학살이 하나 있습니다. 바로 알제리 독립 전쟁 시기 자행된 학살이에요. 프랑스를 상대로 알제리는 8년 독립 전쟁을 벌입니다. 20세기에 가장 위대한 독립 전쟁으로 꼽혀요. 1954년에 시작해서 결국 1962년 프랑스로부터 독립을 쟁취합니다. 그런데 이 짧은 시기에 무려 200만 명의 알제리인이 희생당했다고 해요. 알제리에서는 그렇게 믿고 가르치고 있어요. 그 당시 알제리 인구가 900만 명 정도였다고 해요. 죽은 사람이 그 정도니 부상당한 사람들은 훨씬 많았겠지요. 심지어 전쟁에서 살아남은 사람 수십만 명은 프랑스로 끌려가 강제 노역을 당합니다.

그런 프랑스를 두고 인권과 톨레랑스의 나라라고 말하는 것은 알제리인들이 볼 때 역사에 대한 모독입니다. 그래서 역사를 객관적으로 보려면 공과를 모두 보아야 해요. 더 놀라운 것은, 프랑스 정부가 공식적으로 알제리 독립 전쟁 기간 중 있었던 학살을 인정한 게 1999년입니다. 1997년 의회 선거에서 사회당이 승리하고 2년 후 공식적으로 '독립 전쟁'으로 인정해요. 그전까지만 해도 알제리 독립 전쟁은 테러이자 반정부 소요, 내란이었습니다. 이를 진압하다가 빚어진 불가피한 희생이라는 논리로 대학살의 책임을 회피했던 거예요. 강대국, 지배자의 시각이 이러하다 보니 세상에 잘 알려지지가 않아요. 식민 지배로 희생당한 사람들의 기억과 역사적 진실이 외면당하는 거예요. 문제는 우리가 이러한 강자의 시선으로 세계를 본다는 데 있습니다.

네, 그래서 지금까지 우리가 편견 없이 그들을 보자는 취지에서 이슬람 역사를 짧게나마 살펴보았고요. 이제 그들의 사회를 한번 들여다볼 차례입니다.

한국은 왜 '극동'일까

이슬람 인구가 얼마나 될까요? 세계적인 통계 조사 기관인 퓨리서치센터Pew Reserch Center에 의하면 2017년 기준 17억 5100만 명입니다. 나라로는 57개국이고요. 지구촌 인구의 4분의 1을 넘는 어마어마한 수예요. 이들과 협력하고 공존하면서 사는 길을 택할지 아니면 왜곡된 시각으로 그들을 멀리할 것인지는 전적으로 우리의 선택에 달려 있습니다.

지역을 좁혀서 중동으로 가볼까요. 25개 나라 중에 22곳이 아랍어를 쓰고 터키, 이란, 이스라엘은 각자 쓰는 언어가 따로 있습니다. 이렇게 말씀드리면 사람들이 좀 놀래요. 다른 나라는 모르겠지만 이란은 왜 말이 다르냐고요. 이란은 중동의 다른 나라들과 종족도 다르고 문화적 배경도 다릅니다. 사우디아라비아와 국교를 단절하고 군사 충돌 위기까지 있었잖아요. 같은 형제라고 생각하지 않아요. 이란 사람이 싫어하는 나라 1위가 이스라엘, 2위가 미국, 3위가 사우디아라비아입니다.

사우디아라비아 사람들 생각은 어떨까요? 과거에는 싫어하는 나라 1위가 이스라엘이었는데 요즘은 이란이 그 자리를 차지했습니다. 그래서 지금 사우디아라비아와 이스라엘이 점점 가까워지고 있어요. 미국-이스라엘-사우디아라비아 협력 축과 러시아-중국-이란 동맹 축이 충돌하는 모양새예요. 이란과 사우디아라비아는 하늘과 땅만큼 다른 나라입니다. 우리가 그냥 뭉뚱그려서 중동의 이슬람 국가라고 부르지만 자세히 보면 많은 차이를 보여요.

최근 이 지역에 IS가 등장해서 꽤 오랫동안 분쟁이 있었습니다. 그전에는 알 카에다가 있었고요. IS는 'Islamic State'의 약자로 2014년 6월 29일에 자신들이 하나의 독립된 국가임을 선포합니다. 하지만 미국을 위시한 서방 국가들은 이들을 나라로 인정하지 않아요. 그래서 IS라는 말도 잘 안 씁니다. 국가 선포 이전의 테러 조직인 ISIL, ISIS라고 표기해요.

만약 우리가 국제무대에서 이런 식의 용어를 함부로 썼다가는 낭패를 당할 수 있어요. 마치 어떤 외국인이 우리나라 독도를 일본이 주장하는 대로 '다케시마'라고 부르는 것처럼 말이지요. 그런 의미에서 우리도 이슬람에 대한 용어 정리부터 하는 게 좋을 듯합니다.

우리가 이슬람 세계를 지칭하는 말들이 참으로 많습니다. 중동, 아랍, 서아시아, 서남아시아, 또 '근동'이라는 말도 있어요. 가끔 시험 문제를 내면서 학생들에게 이 용어들의 정확한 뜻을 물었을 때 정확하게 답을 내는 친구가 10명 중에 한둘밖에 없어요. 여러분도 헷갈리시죠? 여러분만 그런 게 아닙니다. 심지어 우리나라 교과서에서도 혼용되고 있어요.

예를 들어 중학교 1학년 사회 교과서를 보면 앞부분은 세계 지리이고 뒷부분이 역사잖아요. 사우디아라비아가 지리 편에서는 서남아시아입니다. 그런데 역사 편에서는 서아시아로 나와요. 비슷하지만 다른 말이죠. 정확해야 할 교과서가 이 정도인데 일반인들은 어떻겠어요. 이런 것들을 고치려고 해도 지리학계와 역사학계 간 의견이 달라서 통일이 안 돼요. 그래서 그냥 쓰고 있습니다.

우선 중동이라는 용어부터 볼게요. '중동'은 19세기 말 영국이 세계를 지배할 때 만들어낸 개념입니다. 자기 나라를 중심으로 멀리 있으면 극동, 가까이에 있으면 근동, 중간쯤에 있으면 중동이라고 했어요. 참 간단하죠?

그럼 영국이 말하는 '근동'은 어디였을까요? 지금 동유럽과 발칸반도, 그리스였습니다. 당시 영국을 지배하던 인식론의 핵심은 다윈의 진화론과, 백인 우월주의, 로마 가톨릭 중심 사상, 이 세 가지였습니다. 당시 그리스는 그리스 정교를 믿는 이단이고 이교였습니다. 그래서 자신과 같은 유럽이 아닌 '근동'에 속했어요. 진화론적으로 순수한 백인과는 거리가 멀다고 생각했죠. 그보다 멀리 있는 아랍은 '중동', 동남아시아나 중국, 한국은 '극동' 이렇게 불렀던 겁니다.

우리도 한때 그들의 시각에 따라 '극동'이라는 말을 썼어요. 그러다가 순수하게 지정학적인 용어인 '동아시아' 혹은 '동북아시아' 이런 식으로 바꾸었잖아요. 지금도 극동방송, 극동문제연구소, 이런 곳이 있습니다만 과거의 유산입니다. 그런데 '중동'은 그대로예요.

외교부도 중동국局, 중동 1과科, 2과, 이런 식으로 편재되어 있습니다. 일본이나 대만은 서아시아라고 합니다. 중국도 중동이란 표현은 잘 안 써요. 물론 미국은 여전히 중동입니다.

자, 그러다 2차 세계대전 이후 세계의 무게 중심이 어디로 갔나요? 미국으로 갔지요. 그쪽 입장은 영국과는 조금 달라요. 그래도 '중동'이나 '극동'은 그대로입니다. 다만 '근동'은 '동유럽'이라는 말로 대치됩니다.

영국이 말한 '근동'인 체코나 폴란드나 러시아 사람들이 아메리칸 드림을 꿈꾸고 미국으로 옵니다. 이들이 나중에 미국 시민이 되잖아요. 그들의 나라를 뭐라고 불러야 할지 고민하다가 동유럽이란 개념을 만듭니다. 유럽의 동쪽에 있으니까요. 그런데 정작 '동유럽' 사람들은 자기들을 '중부 유럽'이라고 불러요. 미국에서 볼 때는 동쪽 유럽이지만 자기들이 보기에는 유럽의 중심이거든요. 동쪽에 러시아가 있고 서쪽에는 서유럽이 있습니다. 그러니까 그 사람들에게 '동유럽'은 불편한 표현입니다. 서유럽을 중심에 놓은 개념이니까요.

어쨌든 그래서 갈 데 없어진 '근동'이라는 개념을 중동과 한데 묶어버립니다. 이것이 오늘날 미국식 지정학적 개념입니다. 제가 미국에 있을 때 미국 내 대학의 전공 학과를 분석한 일이 있어요. 인터넷에 들어가서 찾아보니까 대학마다 과 이름이 달라요. 근동 학과, 중동 학과, 중근동 학과 등이 혼재되어 쓰입니다. 그래서 미국 사람에게는 근동과 중동은 같은 개념입니다.

제가 보기에는 미국이나 영국의 유산을 따르기보다는 우리 중심으로 해서 서아시아라고 하는 게 제일 좋은 듯해요. 우리 스스로를 동아시아라고 하잖아요. 지정학적으로는 그렇게 부르고 민족적으로는 아랍, 종교·문화로 분류할 때는 이슬람이라고 하는 게 좋다고 생각해요.

용어와 관련해서 마지막으로 하나 짚고 넘어갈 게 있어요. 세계 석유 물동량의 대부분이 지나가는 길이 어디예요. 바로 걸프해입니다. 이란 사람들은 이곳을 '페르시안 걸프Persian Gulf'라고 해요. 우리말로 하면 페르시안 만이지요. 자기들이 페르시아 사람이니까 당연히 그렇게 부르겠지요. 그런데 그곳에 있는 아랍연맹 22개국은 '아라비안 걸프Arabian Gulf'라고 합니다. 앞서 말씀드렸듯이 이란은 주변국들과 역사적·문화적 뿌리가 다르다고 했지요?

그런데 우리나라의 모든 역사, 지리 교과서 부도에는 지금도 페르시아 만으로 표기해요. 이게 지금 외교 문제가 되고 있습니다. 왜 그럴까요? 예전에는 미국과 이란이 친했거든요. 그래서 미 국무부나 미국 지리학회에서 공식적으로 '페르시안 걸프'라고 표기했습니다. 그걸 우리가 그대로 번역해서 썼고요. 60여 년을 그래 왔습니다. 그러다가 1979년에 호메이니가 이란 혁명을 일으키면서 강력한 반미 국가로 돌변해요. 미국 입장에서는 고민이 되는 거예요. 갑자기 '아라비안 걸프'라고 쓸 수도 없는 노릇이잖아요. 그래서 요즘은 보다 중립적 표현인 '걸프 해The Gulf' 이런 식으로 표기합니다.

그래서 이란하고 사업할 때는 '페르시안 걸프', 아랍연맹 22개국하고 사업할 때는 '아라비안 걸프'라고 해야 합니다. 일본 가서는 독도라고 하고 한국 와서 다케시마라고 하면 안 되잖아요. 우리도 실용적인 태도를 가져야 한다고 봅니다. 교과서라도 중립적인 의미인 'The Gulf'라고 바꿔야 해요.

우리 안의 이슬람 포비아

우리가 쓰는 용어에는 서구적 시각이 많이 들어가 있습니다.

이런 시각은 특히 언론에서 두드러집니다. 대표적인 게 바로 팔레스타인과 이스라엘 분쟁이에요. 이를 바라보는 시선의 원천이 적대적 이해 당사자가 만들어 놓은 뉴스입니다. A가 만든 정보로만 우리가 B를 바라볼 수밖에 없었어요. 해방 이후 60여 년 동안 알게 모르게 축적된 지적인 편식과 편중이 있습니다. 시간이 흐르면서 고정 관념화되면서 우리의 시선을 더욱 편협하게 해요. 적대적인 두 집단이 서로의 주장을 할 때 우리는 객관적으로 이를 판단할 수 있어야 해요.

한일 관계를 한번 생각해 보세요. 우리가 35년간 처절한 지배를 받았고 그 트라우마가 아직도 있잖아요. 시간이 많이 흘렀지만 아직도 '위안부'나 강제징용, 독도와 교과서 왜곡 문제로 대립하고 있습니다. 세계적으로도 교육 수준이 뛰어난 두 민족이 역사적 사안을 두고 이토록 서로 다른 역사적 인식을 하잖아요. 양국 정상이 만나지도 못할 정도로 반목합니다. 하물며 현재 전쟁 중인 나라가 서로를 인식하는 방식이 어떻겠어요? 팔레스타인과 이스라엘이 그렇습니다. 지난 60여 년 동안 세계 언론을 좌지우지했던 '빅5'가 AP, 로이터, AFP, 뉴욕타임스 그리고 워싱턴포스트 등입니다. 대부분 유대교 언론이에요.

1990년 걸프전 이후에 새로운 뉴스 메이커로 등장한 CNN, 여러분도 간혹 접했을 영자 주간지 〈타임〉, 미국에서 제일 큰 인터넷 회사인 AOL 등 현재 미국 최대의 언론 재벌인 이들도 유대계가 장악하고 있습니다. 그래서 세계 언론은 거의 완벽하게 유대인들이 장악하고 있다는 표현이 나오는 겁니다. 물론, 기자 개인이 진보적인 칼럼을 쓸 수는 있겠죠. 그러나 전체적으로 유대인의 입장을 대변할 수밖에 없어요. 구조적으로 그렇게 되어 있습니다.

문제는 이들에게 의존하느라 우리 입장에서 세계를 제대로 보지 못한다는 겁니다. 우리 국익에 맞게끔 뉴스와 정보를 분석할 수 있는 시스템조차 없어요.

요즘은 전문기자 시대라고 합니다. 국제 문제, 국방, 의료, 여성, 환경 등 다양한 분야에서 전문기자들이 활동하고 있어요. 그런데 혹시 중동 문제 전문기자, 중동 문제 대기자라는 말 들어보신 적 있나요? 우리나라 3대 방송사와 10대 일간지 중에 아직까지 중동 전문기자 타이틀은 본 적이 없어요. 이게 무슨 뜻이냐 하면 우리가 뉴스를 직접 생산하지 않고 남의 것을 그대로 받아들인다는 거예요. 직접 취재하려니 시간과 비용이 만만치 않게 들어갑니다. 그러니 그냥 위에서 말한 세계 주류 언론사의 기사를 번역해서 올려요. 지금도 상황이 크게 바뀌지 않았습니다. 중동 문제에 관한 한 우리는 한쪽 이야기만 듣고 있어요. 우리 국민 전체를 이슬람과 적대적 이해 당사자로 만드는 데 한몫을 하고 있지요. 무엇보다 뉴스거리에만 집착하여 이슬람 세계의 소식을 전할 때 테러 중심의 보도가 대부분을 차지하는 것도 문제입니다.

과거 이슬람권 내에서의 알 카에다 지지율은 약 3퍼센트 정도로 분석되었습니다. 물론 적은 숫자는 아니지요. 최근 궤멸된 ISIL의 이슬람권 내 지지율은 1퍼센트 정도입니다. 중요한 것은 이들 조직의 대중적 지지 기반이 없다는 거예요. 일시적으로 극단적 세력을 끌어들일 수 있었겠지만 결국 성공하지 못하고 다 사라지잖아요. 그럼 나머지 95퍼센트 이상의 이슬람권 사람들을 어떻게 대할 것이냐, 이걸 따져야 해요. 이들은 테러 조직이 아닙니다. 우리가 협력하고 공존해야 할 사람들이에요. 이건 상식이잖아요. 우리 국익을 위해서 취해야 할 당연한 입장인데 이런 인식이 상당히 부족하죠. 이슬람 하면 알 카에다와 ISIL을 떠올립니다. 언론이 보도하는 테러리즘을 이슬람 전체로 일반화, 보편화하는 오류에 빠져 있기 때문입니다. 그러다 보니까 일부 극우 세력이 조직적으로 만들어낸 가짜 뉴스에 제대로 대항을 못 해요.

2018년 여름 예멘 난민 사건이 있었을 때 두 달 동안 거의 매주 제주로 출장을 가야 했어요. 현장에서 직접 인터뷰하면서 정부와 NGO 양쪽 입장을 들어보았습니다. 난민 심사관, 통역관들 교육을 직접 했어요. 당시 500여 명이 난민 신청을 했는데 그중에 상당수를 만나 보았어요.

난민 지원 단체 대표들도 만나고 반대 단체 쪽 의견도 들었습니다.

이 사건의 발단이 청와대 청원에서 시작됐잖아요. 예멘 난민 반대 청원이 70만을 넘어서면서 청와대가 직접 관심을 갖고 대응했습니다. 방법은 명확한데 여론이 워낙 나쁘니까 시간을 끌면서 악화시킨 측면도 있습니다. 제가 게시판에서 읽은 글 중에 인상적인 것이 있었는데 이런 내용이었습니다.

유럽에서 오랫동안 살았다. 유럽에서 민주주의와 인권과 자유의 나라들이 이슬람 난민을 받아들여서 망해가는 꼴을 직접 목격했다. 내 아름다운 조국 대한민국이 이런 무분별한 다문화 정책과 난민 유입 정책으로 망가지기를 원치 않는다. 그러면서 이슬람이 어떤 종교이고 세계 역사에 어떤 패악을 끼쳤고 이로 인한 피해가 어떤지 나열해요. 프랑스, 영국, 벨기에 등의 사례를 들면서 감성적이고 논리 정연하게 자신의 주장을 뒷받침했어요. 하마터면 전공자인 저도 '좋아요'를 클릭할 뻔했습니다. (청중: 웃음) 문제는 이슬람의 성범죄, 남녀 차별, 결혼관. 종교관, 반인권적 행태 등 상당 부분 그것이 사실이 아니라는 거예요. 많은 부분 팩트가 아니에요. 그런데 아무도 이를 지적할 사람이 없습니다. 제3세계 문화에 밝다는 사람들도 거기에 나온 사실에 토를 달지 못해요. 그만큼 근거 자료나 정확한 지식이 우리에게 없구나 하는 점을 느꼈습니다.

토론을 하려면 사실에 근거한 자료가 있어야 하잖아요. 그게 없으니까 우리가 수개월 동안 불필요한 사회적 논쟁을 겪은 건 아닌가 하는 생각이 들었어요. 어쨌든 당시 예멘에서 온 사람들은 불법적으로 입국한 이민자들이 아니었습니다. 무비자 제도를 악용했다고 하지만 합법적으로 입국했습니다. 그들이 국내법을 어기고 국제적인 범법 행위를 행하지 않는 이상 강제 추방할 수가 없어요. 이게 '글로벌 스탠더드'이고 국제적 상식이에요. 국제 난민을 대하는 기본 중의 기본입니다.

그럼에도 당시 많은 사람들이 불안해했어요. 이슬람권이고 못살고 그래서 테러리스트일 가능성이 있고 전염병을 퍼뜨릴 가능성이 있다. 게다가 90퍼센트 이상이 20대 건장한 남성들이어서 불안하다. 성범죄를 용인하는 문화권에서 왔기 때문이다. 즉, 잠재적 성범죄자로 생각했죠.

그런데 여러분 그 젊은이들이 왜 난민 신청을 했을까요? 일부러 우리나라 사람들을 괴롭히려고 온 게 아니잖아요.

지금 예멘이 어떻습니까? 10년째 내전 중이에요. 그러는 동안 10만 명 이상이 사망합니다. 제조업이 붕괴되고 100만 명 가까이 콜레라에 노출되어 있어요. 가만히 있으면 기다리는 건 죽음밖에 없는 상황입니다. 살기 위해 밖으로 나옵니다. 어느 시기나 전쟁으로 인한 난민의 공통점은 20대 남자가 주류를 이뤄요. 극한 상황에서도 생존할 수 있는 남자가 돈 벌러 나가요. 아이 달린 엄마보고 돈 벌어 오라고 보내나요? 나이 든 아버지를 보내요? 이게 세계 난민의 공통적 현상인데 우리는 그들을 잠재적 성범죄자로 몰아버렸어요. 이런 일이 세계에 알려지자 한국에 대한 인식이 급격히 나빠집니다. 알 자지라의 제주 특파원 보도를 보면 88올림픽 이후 중동에서 불었던 한류 열풍 등으로 높아진 코리아 브랜드 가치가 예멘 난민을 대하는 태도 때문에 크게 손상당했다고 표현해요.

예멘 사람들은 다들 휴대폰을 가지고 있습니다. 그래서 정보에 밝죠. 처음에는 말레이시아에 갔다가 이미 2만 명 정도를 받아서 더는 어렵다는 대답을 듣고 제주도로 와요. 제주도는 무비자로 입국해서 석 달은 합법적으로 있을 수 있으니까요. 우리가 제주평화특별법으로 그렇게 만들었죠. 덕분에 관광객이 몰려들고 외국인 투자가 활성화되었습니다. 예멘 사람들이 이 제도의 허점을 이용한 거예요. 물론 그만큼 절박했겠지요.

결국 몇 명만 난민 지위를 인정받고 400여 명이 인도적 체류 허가를 받습니다. 이들은 합법적으로 몇 년 동안 체류할 수 있어요. 여기에 대해서도 말들이 많았지만 어차피 이들을 강제로 되돌려 보낼 수는 없어요.

사람들이 불안해한 이유 중에는 우리 일자리를 빼앗는다는 것도 있었습니다. 그런데 정말 그럴까요? 아시겠지만 외국인 노동자 일자리는 우리 젊은이들이 안 하는 일입니다. 거의 상충되지 않아요. 그렇다면 오히려 난민들이 안착해서 일을 하고 그 돈을 가지고 나중에 가족이 있는 고향으로 돌아가도록 도와주는 게 바람직합니다. 난민들이 아예 한국에 정착할 것처럼 걱정들을 많이 하는데 여러분, 입장을 바꿔서 생각해보면 생면부지인 타국에서 계속 머물고 싶을까요, 아니면 가족이 있는 고향으로 돌아가고 싶을까요? 당연히 상황이 좋아지면 돌아가요. 그럴 수밖에 없습니다. 그들을 따뜻하게 보살펴주면 그들도 어려울 때 도와준 한국을 고마워하며 고향으로 돌아갈 겁니다.

일부 불법 체류가 있을 수 있어요. 그러나 이를 두려워할 필요는 없습니다. 어쨌든 이들도 고향으로 돌아가고 싶어 하니까요. 우리가 선입견을 버리면 새로운 가능성이 보여요. 이분들이 돌아가서 한국과 그 나라의 교두보 역할을 할 수 있어요. 우리가 조금 더 포용력 있는 태도를 보여야 합니다. 그게 성숙한 국민의 모습 아닐까요?

지금 우리나라에 약 2100명의 시리아 난민이 들어와 있습니다. 이들 대부분은 중고차 부품을 자국에 수출하는 일을 해요. 시리아는 아직 우리나라와 미수교 국가입니다. 우리 기업이 아직 진출도 제대로 못 하고 있는데, 시리아 시내에 다니는 자동차의 약 80퍼센트가 메이드 인 코리아입니다. 내전 중인 고국을 떠나 한국에 와 있는 사람들이 그 역할을 한 거예요. 우리 무역의 사각지대를 메우는 역할을 하고 있어요. 내전이 끝나면 다시 고향으로 돌아가겠지요. 우리는 서울 한복판에 살고 있는 이 시리아 사람들에 대해서는 잘 모릅니다. 만약 이들이 범죄를 저지르고 문제가 됐다면 당장 뉴스에 났겠지요. 그런데 조용하단 말이에요.

제주도에 1500명 정도의 인도네시아 사람들이 살고 있습니다. 거기도 이슬람 국가잖아요. 이들은 양식업이나 수산업, 어업에 종사해요. 우리나라 젊은이들이 힘들어하는 일을 해요. 덕분에 우리가 제주도 수산물을 전국에서 먹을 수 있는지도 모릅니다. 그게 현실이에요. 잠재적 범죄자로서 골칫거리가 아니라 우리 산업의 일부분을 당당하게 담당하고 있어요.

제가 예멘 난민이 뉴스가 되었을 때 반대쪽 NGO 대표들을 만나 설득했습니다. 사실이 이러이러하고 우리의 우려가 기우일 수도 있다고 말씀드렸어요. 특히 종교단체의 반대가 심했지만 다 그런 것도 아니었어요.

일부 종교단체는 조용히 이들을 거두고 밥을 해주고 빈집에 숙소를 만들어주기도 했습니다. 인도주의적 실천을 한 거예요. 같은 하느님을 섬기는데 어느 한 쪽은 이교도라고 적대시하고 어느 한 쪽은 하느님의 이름으로 사랑을 베풉니다. 이런 모습을 보면서 저는 아직 우리 사회가 건강하구나 하는 생각을 했습니다. 큰 목소리로 얘기하는 사람들이 전부가 아니구나, 이렇게 조용히 사랑을 실천하는 사람들이 있구나 하고 말이에요. 덕분에 그때 이후로 조금씩 여론이 바뀐 듯해요. 인도적인 지원에 호의적입니다. 만약 우리가 이슬람에 대한 오해와 선입견 대신 객관적이고 균형 잡힌 시각을 가졌다면 좀 더 빨리 인식이 바뀌지 않았을까 싶어요.

우리가 잘사는 나라 백인들에 대해서는 상당히 호감을 갖고 있잖아요. 이런 것들이 다 알게 모르게 우리 안에 스며든 서구적 인식 때문이라고 봐요.

사실 우리나라는 이슬람과 오랜 친구입니다. 이슬람은 지구상 어떤 문화권보다 우리 문화 속에 깊숙이 들어와 있어요. 구체적으로, 문화교류의 실체와 규모는 어느 정도인지, 어떤 물품들이 어떻게 교류되었는지, 그렇다면 이슬람은 우리 문화에 어떤 영향을 주었는지 등에 대해 말씀드릴게요.

신라 고분과 페르시아 보검

우리나라는 이슬람이 등장하기 이전부터 서아시아와 교류를 했습니다. 그 증거로 5~6세기, 신라 고분에서 페르시아와 로마형 유리 제품, 은그릇이 나옵니다. 경주 계림로에서 발견된 황금 보검은 고대 페르시아의 것과 거의 같은 형태를 하고 있어요. 삼국사기 '잡지' 편에 보면 성골, 진골, 6두품 귀족들이 페르시아 카펫을 사용했다는 기록이 있고요. 또한 석조물에서 입수쌍조문이 발견됩니다. 나무를 가운데 두고 양쪽에 새가 마주 보는 그림으로 전형적인 페르시아 문양입니다. 또 하나 특이한 것이, 「쿠쉬나메」라는 페르시아 대서사시에 페르시아 왕자와 신라 공주의 사랑 이야기가 나와요. 지금 영국 국립도서관The British Library 희귀 문서실에 보관 중입니다. 하나하나 살펴보겠습니다.

유리 제품은 황남대총, 서봉총, 천마총 등 왕묘 급에서 총 25점이 출토됐습니다. 지금 봐도 색감이나 디자인이 화려하고 정교해요. 그중 황남대총에서 나온 봉수형 유리병은 전형적인 로마형 유리 제품으로 국보 193호로 지정되어 있습니다. 지금은 국립중앙박물관에 전시되어 있고요. 출토 당시에는 산산조각이 나 있었어요. 무려 수백 개가 넘는 유리 조각을 일일이 끼워 맞춰서 복원합니다. 처음 이 유물들이 출토되었을 때 학자들이 당황합니다. 아니 신라 고분에 웬 로마, 페르시아 계통의 유물이 출토되는지 의아해했죠. 당시 상상력으로는 이해가 안 가는 거였어요. 지도만 봐도 우리랑은 거리가 상당하잖아요. 그래서 처음에는 이게 다 신라 장인들이 만든 거로 생각했어요. 1980년대까지 그랬습니다. 그러다가 과학 기술이 발달하면서 정밀한 분석을 해 보니까, 로마형이나 페르시아 계통이 맞아요. 고고학자들이 깜짝 놀랍니다.

요즘은 첨단과학이 엄청 발전해서 가끔은 인문학적 상상력을 넘어서는 경우가 참 많아요. 예를 들어 오랫동안 종교의 창시자가 입었던 옷이나 신체 일부라고 주장하고 믿어오던 유물들을 분석해 보니까 연대가 잘 안 맞아요. 대부분 그 이후의 유물이라는 결과가 나오면 종교계는 공황 상태에 빠지게 되지요. 괜히 검사했다 싶을 거예요. (청중: 웃음) 요즘은 아주 작은 유물 조각 하나라도 성분 분석이 가능해요. 이를 통해 시기는 물론 지역까지 추정이 가능해요. 시기도 아주 정확하게 분석해 냅니다. 특히 대부분의 박물관은 개별 유물에 대한 사이버 자료를 보유하고 있어 어떤 박물관의 어떤 유물이 다른 나라의 어떤 유물과 대비되는지 검증 비교가 가능합니다. 이런 자료들이 사이버 박물관에 전시되어 인터넷으로도 열람이 되고요. 그래서 지금은 황남대총에서 출토된 국보 193호하고 같은 종류의 유물이 예를 들면 이집트 유리박물관 몇 호실 몇 번 유물과 형제지간이라는 사실을 밝힐 수도 있겠지요. 동일한 시기에 같은 재료를 가지고 같은 기술로 만들었는지 여부도 알 수 있겠지요. 참 놀랍죠?

자, 그래서 신라 시대 고분에서 출토된 유리 제품이 직수입되었다는 게 과학적, 학문적으로 검증이 됐습니다. 1500년 전에 무려 1만 킬로미터 가까운 거리를 넘어왔다는 게 상상이 잘 안 돼요. 해답을 찾으려면 사회-경제적인 접근을 해야 합니다.

아까 말씀드린 국보 193호를 당시 로마 교역의 중심지였던 콘스탄티노플지금의 이스탄불에서 왔다고 상정해 보겠습니다. 신라와의 거리는 대략 8000~9000킬로미터쯤 됩니다. 고대 교역 사료와 낙타의 이동 속도 등을 감안하면 육로로 8개월 정도 걸렸으리라는 계산이 나옵니다.

상인이 그 제품을 직접 신라로 가져왔을까요? 아마도 이 유리 제품은 낙타 등에 실려 이웃인 바그다드나 테헤란, 중앙아시아까지 왔을 겁니다. 아니면 중국의 장안까지 왔을 수도 있고요. 파는 사람 입장에서는 비슷한 값을 받을 수 있다면 굳이 신라까지 갈 필요가 없어요. 운송비와 가격을 비교해서 가장 유리한 어딘가에서 팔았을 겁니다. 게다가 유리 제품이 아닌 금을 파는 게 더 유리하다면 그렇게 했겠지요. 금이 훨씬 더 비싸고 보관도 용이하잖아요. 어떤 유리 제품을 신라 시장에 팔았을 때 가장 높은 수익을 올릴 수 있을 때만 그 제품이 신라까지 올 수 있었겠지요. 이런 걸 따져보면 기본적으로 유리가 금값의 몇 배 이상을 받아야 신라까지 올 수 있었을 겁니다. 안 그러면 남는 게 없어요.

출토된 유리 제품 25점은 왕묘 급에서만 나옵니다. 일반 묘나 귀족 묘에서는 거의 나오지 않아요. 그만큼 비싼 제품이었다는 얘기지요.

그다음 보실 것이 황남대총 북분, 98호분에서 발견된 보물 627호인 은제 잔으로 바닥이 납작하고 그릇의 표면에 여러 가지 문양을 새겼습니다. 아주 정교한 양각 무늬가 새겨져 있어요. 끌로 판 게 아니라 안에서 두드려서 밖으로 두드러지게 표현한 타출 기법이에요. 거기에 여러 가지 조각상이 등장하는데, 페르시아 여신인 아나히타를 연상하는 조각도 들어있습니다. 1989년 경주에서 만난 이란 고고학자들은 경주박물관에 전시된 이 은그릇을 보더니 아나히타 여신의 모티브와 유사하다고 입을 모읍니다. 아나히타는 페르시아의 주신이고 농경의 신, 전쟁의 신, 비의 신입니다. 실제로 제가 이란에 갔을 때 은그릇마다 이 여신이 조각되어 있었어요. 궁금했습니다. 신라 고분에서 왜 페르시아 여신의 모티브가 새겨진 그릇이 나왔을까?

중국에서 도자기 많이 쓰죠. 민간인들도 용이 그려진 도자기를 써요. 그런데 황실과 차이가 있습니다. 민간에서 쓰는 것은 발이 세 개인 삼족용이고 황실 도자기에는 발이 다섯 개인 오족용이 그려져 있어요. 만약 민간인이 이를 어기고 오족용이 그려진 도자기를 쓰다가 걸리면 큰 낭패를 당하기도 했다고 합니다. 황실에 대한 도전으로 보는 거죠. 그만큼 신성한 상징에는 당시 지배자의 카리스마와 위계질서가 있습니다. 아나히타 여신 모티브가 조각된 그릇도 마찬가지예요. 페르시아 민간인들이 쓰는 게 아닌 거죠. 따라서 이 그릇의 존재는 사산조 페르시아와 신라 왕실 간 교류가 있었음을 말해줍니다.

경주 계림로 보검을 보겠습니다. 보물 635호인 이 유물은 페르시아형 보검이라는 게 우리 학계의 정설입니다. 그런데 이 '보검'이라는 것이 일반인들이 쓰는 게 아니에요. 왕이 쓰는 물건입니다. 이런 물건이 경주에서 발견되었다는 데는 두 가지 가능성이 있어요. 페르시아 왕이나 왕자가 신라에 와서 살다가 죽어서 묻혔거나, 아니면 신라의 왕에게 선물했거나.

카펫의 경우는 썩는 물건이라 유물로 나오지는 않았습니다만, 삼국사기에 기록으로 나와 있어요. 아주 어려운 고대 한자어로 적혀 있어서 학자들이 해석에 애를 먹었습니다. 그러다가 실크로드 연구 학자인 정수일 박사가 이를 카펫으로 해석합니다. 이분이 남한에서 간첩 활동을 하다가 발각되어 징역을 살았었죠. 지금은 귀화해서 한국 국적으로 살고 있습니다.

어쨌든 신라는 카펫 직조 기술을 갖고 있지 않았습니다. 따라서 기록에 등장하는 카펫은 페르시아산이라는 게 학계의 정설이에요. 만약 페르시아의 직조 기술로 제작된 제품들이 신라에 들어왔다면 신라 귀족들이 페르시아 사람들이 입던 장옷을 입었을 가능성이 큽니다.

입수쌍조문은 전형적인 페르시아 문양입니다. 카펫에서도 굉장히 많이 쓰이죠. 이런 문양이 경주에서 발견된 사자상에 등장합니다. 이것만 가지고 페르시아와의 교류를 단정하기는 어렵지만 앞의 다른 증거들과 놓고 보면 사실은 좀 더 분명해집니다.

여러분 절에 가보셨죠? 우리나라 사찰에는 이슬람 문화의 흔적이 남아 있습니다. 절의 기둥이나 벽에 그려진 문양을 단청이라고 하는데 여기에 당초문이 그려져 있습니다. 당나라 때 유행하던 것으로 넝쿨이 어우러진 모양입니다. 이걸 영어로 뭐라고 하는 줄 아세요? 바로 아라베스크arabesque하고 해요. 우리나라 도자기 등에서도 자주 발견됩니다.

또 절에 가면 쌍어를 볼 수 있습니다. 물고기가 마주 보고 있는 그림입니다. 불교에서 물고기는 특별한 상징입니다. 늘 깨어 있는 존재예요. 항상 눈을 뜨고 있잖아요. 그래서 풍경 같은 것도 다 물고기 문양입니다. 보통은 하나인데, 페르시아의 영향을 받아 등장한 게 바로 쌍어예요.

자, 그래서 지금까지 우리나라 문화유산에 있는 서아시아나 이슬람 문화의 흔적에 대해 몇 가지 사례를 들어 말씀드렸고요. 이제 이슬람 문화의 영향에 대해 한 걸음 더 나아가 과학적으로 분석해 보겠습니다.

고대 교역의 경제학

이슬람과 동아시아의 교류가 가장 활발했던 시기가 9세기경입니다. 당나라 시대였고 실크로드가 열려 있었지요. 당시 교역의 중심지였던 주요 도시를 꼽아보라고 하면 다음과 같습니다. 동로마 제국의 수도 콘스탄티노플지금의 이스탄불, 이슬람제국 압바스 왕조의 수도 바그다드, 중앙아시아의 부하라와 사마르칸트, 중국 당나라의 수도 장안, 그리고 한반도의 경주가 있습니다.

콘스탄티노플-바그다드-사마르칸트·부하라-장안-경주, 이렇게 이어지는 길이 첫 번째 노선입니다. 실크로드의 1번 루트죠. 1200년 전입니다. 당시 6~8개월이면 콘스탄티노플에서 유행하는 패션이나 장신구가 신라까지 올 수 있었어요. 생각보다 훨씬 빠르죠? 어떻게 이런 계산이 나오느냐, 이때의 문화 전파 속도는 정확하게 낙타의 이동 속도에 비례합니다.

낙타는 자기 몸무게의 두 배에 해당되는 짐을 싣고 400킬로미터를 17일 동안에 물 한 모금, 사료 한 줌 없이 이동할 수 있는 놀라운 수송력을 가지고 있어요. 낙타야말로 실크로드의 꽃입니다. 생후 3년 된 낙타는 보통 몸무게가 250킬로그램쯤 돼요. 그러면 무려 450~500킬로그램의 짐을 싣는다는 얘기예요. 그 상태로 쉬지 않고 400킬로미터를 갑니다. 낙타에 짐을 싣고 사람이 끌고 간다고 했을 때 1시간에 보통 4킬로미터쯤 갑니다. 캐러밴caravan, 사막이나 초원 지역의 교역 상인이 하루에 이동하는 시간이 보통 10시간이고요. 그러면 하루 40킬로미터를 이동한다는 계산이 나오지요. 8시간 동안 잠을 충분히 자고 나머지 시간 세끼 밥 다 먹고 쉬어 가면서 간다고 가정했을 때 그렇습니다. 이게 기본 이동 속도입니다.

콘스탄티노플과 경주 사이를, 루트에 따라 다릅니다만 기본적으로 1만 킬로미터라고 하면 대략 250일 정도 소요되는 것으로 나와요. 8개월이 조금 넘는 거죠. 그런데 이렇게 가면 상인들이 망합니다. 왜냐고요?

예나 지금이나 무역의 기본 요건은 첫째가 가격이고 두 번째가 제품의 질입니다. 세 번째는 운송 속도입니다. 얼마나 좋은 제품을 싼 가격에 빨리 전달하느냐가 관건이에요. 예를 들어 어떤 상인이 페르시아산 유리 제품을 갖고 경주로 갑니다. 산전수전 다 겪고 겨우 8개월 만에 도착했어요. 그런데 이미 한 달 전에 누가 먼저 와서 시장에 물건을 풀었다고 하면 정말 곤란하잖아요. 그래서 최선을 다해서 빨리 가려고 했을 거예요. 조금 무리를 하면 하루에 2시간을 더 갈 수도 있습니다. 그러면 하루 50킬로미터쯤 이동할 수 있었겠죠. 그래서 나온 계산이 6~8개월이에요.

고대의 교역은 상위 1~5퍼센트의 상류층이 고객입니다. 나머지 사람들은 하루하루 근근이 살아갔어요. 20세기 중반까지만 해도 그랬습니다. 그런 이들이 유리그릇이나 장신구를 샀을 리 없잖아요. 여러분이 이 점을 놓쳐선 안 돼요.

어쨌든 그래서 콘스탄티노플에서 장신구나 공작새 꼬리털이나 비취 이런 것들이 낙타 등에 실려서 신라까지 옵니다. 바그다드에서는 카펫, 모직 말안장, 에메랄드, 유향, 몰약沒藥 등이 왔고요. 우리 기록에 다 나옵니다.

이런 상품을 싣고 상인들이 출발할 때 최소 낙타 100마리가 갑니다. 국경을 넘어가는 무역인 경우가 그래요. 규모가 크다 싶으면 500마리까지도 갑니다. 그런데 보통 100마리가 간다고 하면 20~30퍼센트의 예비 낙타가 같이 따라갑니다. 교대를 해야 하기 때문이에요. 특히 파미르 고원을 넘어갈 때는 굉장히 위험

합니다. 다치거나 출산이라도 하면 다른 낙타가 대신해야 해요. 표준 몸무게 250킬로그램의 낙타 100마리가 움직이면 상품 무게가 50톤이에요. 규모가 어마어마하지요?

이 사람들이 그렇게 많은 물건을 싣고 갔을 때는 뭔가 남는 게 있었을 겁니다. 얼마나 이익을 볼 수 있었을까요? 참고할 만한 자료가 있습니다. 제가 2010년도에 EBS 다큐프라임 〈인센스 로드〉에 참여한 적이 있습니다. 오만에서 팔레스타인 가자Gaza 지구에 이르는 총 2400킬로미터의 무역로를 복원하는 프로그램이었어요. 저도 직접 유향 캐러밴을 따라갔지요. 오만 살랄라에서 유향을 실어서 홍해를 거쳐 로마로 갔습니다. 이렇게 해서 당시 상인들이 약 2000배의 이익을 남겼다고 해요. 목숨 걸고 갈 만하지요? 아마 실크로드를 오가던 상인들도 그 정도 이윤을 보았을 겁니다. 하지만 늘 이런 이익이 보장된 것은 아닙니다.

여러분, 콘스탄티노플에서 무사히 장안까지 도착할 확률이 얼마나 될 것 같습니까? 평균 30퍼센트입니다. 10번 중 7번은 실패해요. 강도를 만나거나 죽거나 다치기도 하지요. 그럼에도 일확천금의 꿈을 안고 가는 거예요.

수익이 크다고 해도 투자가 많으면 이윤은 줄어듭니다. 그렇다면 이 상인들이 초기에 들인 비용은 어땠을까요? 먼저, 산지의 상품 구입비가 있겠죠. 산지에서 직접 사니까 그리 비싸지는 않았을 거고요. 그리고 낙타 대여비, 인건비가 있을 겁니다. 낙타는 함께 돌아오니까 손실분만 보충하면 되고요. 인건비는 수익을 나눠 갖는 형태이니 없는 것이나 마찬가지입니다. 시대에 따라 다르지만 이런 것들을 감안해서 전체 비용의 20퍼센트를 넘지 않습니다. 그렇다면 나머지는 뭘까요?

이제 인문학적 상상력을 동원하셔야 됩니다. 바로 '안전 비용'이에요. 목표 도시까지 안전이 보장되지 않으면 한 발짝도 못 나갑니다. 나가는 순간 그냥 털리잖아요. 방어 인력 없이 값비싼 물건을 싣고 다닌다는 것은 자살 행위입니다. 그렇다고 그 먼 길을 자국 군대와 함께 움직일 수도 없는 일이고요. 그래서 지역 사람들을 고용합니다. 통행세를 내고 무장 호위를 받고 지나가는 거예요. 이렇게 쓰이는 돈이 전체 비용의 70~80퍼센트를 차지할 수도 있습니다. 정치적으로 안정되어 있으면 다행이지만 국가 간 분열이나 전쟁이라도 일어나면 이 비용은 폭등합니다. 교역로 자체가 위협을 받게 되지요.

당시 무역과 관련해서 흥미로운 기록이 하나 있습니다. 삼국사기에 보면 서기 834년 신라 흥덕왕 때 나라 경제가 파탄을 맞습니다. 외래품, 사치품 수입 급증으로 부의 유출이 심각해진 거예요. 그러자 흥덕왕이 사치품 구입을 통제합니다. 성골, 진골, 6두품 등 계급별로 구입 가능 품목을 지정합니다. 이때 성골이 사용해도 좋은 품목 중에 '공작새 꼬리털'이 들어가 있어요. 이게 뭘까요? 보석도 아니고 향신료도 아닌 새털이 사치품이었다는 얘기잖아요. 그런데 제가 8~9세기 콘스탄티노플의 궁중 그림이나 세밀화를 보다가 거기서 공작새 꼬리털을 발견했습니다. 왕비나 공주, 귀족 부인들이 콘스탄티노플 궁전에서 파티를 하면 다 중절모를 쓰고 참석해요. 거기에 공작새 꼬리털을 꼽아요. 바그다드 궁전에서도 그랬습니다. 중앙아시아 벽화에서도 나옵니다. 중국 당나라 유적에서도 비일비재하게 나옵니다. 이게 무슨 뜻일까요?

당시 최고의 패션 아이템이었다는 거예요. 콘스탄티노플의 귀족들처럼 신라의 귀족들이 월성, 포석정에 파티 하러 갈 때 모자에 공작새 꼬리털을 하나씩 꽂고 나가요. 중국이나 한반도에서는 구할 수 없는 이 귀한 패션 아이템을 상인들로부터 큰돈을 들여 구입하지요. 그러다 나라 경제가 어려워지니까 왕이 직접 통제를 한 거예요. 성골만 쓸 수 있었습니다. 그런데 당시 신라 경제 규모가 상당히 컸습니다. 귀족들이 사치품 좀 샀다고 해서 왕이 나서서 통제할 정도로 허약한 경제가 아니거든요. 저는 이 부분이 늘 궁금했습니다. 왜 그렇게까지 했을까? 의문은 생각지도 않은 곳에서 풀렸습니다.

제 동생이 사업을 해요, 중국, 베트남, 인도네시아 등지에 공장을 두고 있는데 하루는 이런 말을 해요. 옛날 사람들의 비즈니스 감각을 과소평가해서는 안 된다. 어쩌면 그들도 지금의 대기업처럼 현지 생산을 했을 수도 있다. 유향이나 몰약 같은 것은 산지에서 가져올 수밖에 없지만 그렇지 않은 것들, 예를 들면 유리나 다른 수공업 제품은 제품을 직접 가져가는 것보다 장인들을 데려가서 현지 재료로 현지 생산하는 게 더 나았을 것이다. 저는 뒤통수를 한 대 맞은 기분이었습니다.

중국 광저우는 당시 항구 도시로 육상 및 해상 실크로드의 종착역이었습니다. 그곳에는 '번방'이라고 하는 아랍-페르시아 인 거주지가 있었지요. 같은 시기 신라인들의 신라방도 있었고요. 그곳 유네스코 해상 실크로드 박물관을 보름 동안 조사했어요. 그러다 이런 기록을 발견합니다. 7세기 말부터 아랍과 페르시아 상인들이 와서 현지 공장을 짓고 기술자들을 데려다가 대량 생산을 합니다. 여기서 만든 물품들이 배를 타고 신라로 들어와요. 콘스탄티노플산과는 비교가 안 될 정도로 저렴합니다. 당연히 신라에서도 불티나게 팔렸겠죠. 그러다 국가 경제가 파탄 날 지경에 이른 거예요. 신라 경제의 위기를 초래할 만큼 현지 생산의 경쟁력이 강력했던 거예요. 흥덕왕의 조치는 단순히 귀족들의 소비를 막고자 했던 게 아닙니다. 삼국사기의 기록은 그만큼 이슬람과의 교역이 신라 사회에 큰 영향을 미쳤다는 사실을 방증해요. 이와 관련해서 재미있는 옛날이야기가 있습니다 .

「쿠쉬나메」–신라에 온 페르시아의 왕자

7세기 중엽, 서기 651년 아랍-이슬람 세력이 페르시아 사산 왕조를 무너뜨립니다. 이때 마지막 왕이 야즈데게르드 3세입니다. 더 이상 희망이 없다고 느낀 그는 왕자 피루즈를 불러 말합니다. "나는 결사 항전을 결심했다. 조국을 지키다가 죽겠다. 그러나 너는 반드시 살아남아서 조상의 고토를 회복해야 한다." 이 처절한 유언을 남기고 왕은 장렬하게 전사하지요. 피루즈 왕자는 가족과 함께 중국 당나라로 망명합니다. 그런데 얼마 안 있어서 중국 당나라와 이슬람제국 사이에 공식적인 외교 관계가 수립됩니다. 왕자로서는 목숨을 부지하기가 어려운 상황이 된 거예요. 중국 황제가 이들에게 공식적으로 떠나라고 합니다. 이런 사실이 당나라 사료에 남아 있어요. 이들은 그렇게 세계 역사에서 사라집니다. 그런데 그 뒤 이 왕자의 이름이 「쿠쉬나메」라는 서사시에 다시 등장해요.

저는 2006년부터 이란 국립박물관과 함께 공동 발굴 작업을 했어요. 그래서 교류가 상당히 많았습니다. 그런데 잘랄 마티니라고 하는 이란의 유명한 학자가 『쿠쉬나메』라는 책을 1998년 현대 이란어로 번역해서 테헤란에서 발간을 했습니다. 이란 국립박물관의 다르유시 아크바르 자데 박사가 이 사실을 내게 알려주었어요. 내용을 보니까 페르시아의 신화와 역사를 담은 듯

한데 '바실라'Basilla라는 단어가 계속 나와요. 다르유시 박사와 3년에 걸친 공동 연구로 바실라가 신라의 페르시아식 표현이란 것을 밝혀냈습니다. 이게 2007년 10월 초의 일입니다.

그런데 책을 펼치다 보니까 가운데 'OR2780'이라는 영문 표시가 있어요. 'OR2780'이라는 코드가 영국 국립도서관 오리엔트 희귀 문서실 도서 분류라는 걸 알게 되었습니다.

저는 바로 영국으로 날아가 영국 국립도서관의 페르시아 고서 담당 큐레이터를 만나 설득하여 3년에 걸쳐 힘들게 「쿠쉬나메」 원본 파일을 확보할 수 있었습니다. 이 책 전체 820쪽 중에서 500쪽가량에서 신라 얘기가 나옵니다. 줄거리는 다음과 같아요.

패망 후 배를 타고 신라에 도착한 페르시아 유민들은 극진한 환대를 받으며 정착합니다. 왕과 함께 사냥을 다니고 국정의 조언자 역할을 해요. 신라의 공주 파라랑과 결혼한 왕자는 선왕의 약속을 지키고자 페르시아로 향하지요. 그런데 배 안에서 아들을 출산하고 훗날 이 아들이 성장해서 아랍군을 물리치고 조상의 원수를 갚는다는 내용입니다.

이 서사시를 통해 다음과 같이 추정할 수 있습니다. 사산 왕조가 패망할 당시 신라는 고구려, 백제와 싸우고 있었어요. 그런데 왜 중국에서 내쫓은 왕자를 받아들인 걸까요? 사산조 페르시아는 오랫동안 비잔티움 제국과 쟁패하면서 세계 최고의 과학, 무기, 전략을 축적했습니다. 왕자와 함께 망명한 이들이 당시 지배층이잖아요. 그들로부터 이러한 자산을 전달받고 싶었던 거예요.

실제로 신라로 온 망명자들은 화랑도에게 신무기 기술을 전파합니다. 가야에서 제련된 철로 제작된 첨단 무기가 바로 페르시아 기술로 만들어져요. 그리고 폴로 경기를 가르쳐 줍니다. 삼국사기 기록에 의하면 화랑이 격구를 했다는 기록이 있거든요. 격구가 폴로잖아요? 당나라에도 격구가 굉장히 유행했습니다. 그래서 학계에서는 이게 중국에서 전해졌다고 생각했어요. 지금껏 그렇게 배워 왔습니다. 그런데 화랑은 중국에 보내지 않았거든요. 보통 유학생이나 승려들이 갔습니다. 하지만 대학이나 사찰에서 격구가 유행했다는 기록은 전혀 없어요. 당나라에 가보지도 않은 화랑도 사이에서만 격구가 유행합니다. 이게 무슨 뜻일까요?

물론 격구가 과격한 스포츠라서 젊은 군인에 어울린다는 측면도 있지만 종주국으로부터 지도받았다고 생각하는 게 합리적이지 않을까요? 폴로는 원래 페르시아의 귀족들이 즐기던 스포츠입니다. 그리고 페르시아의 왕자는 신라 공주와 결혼을 하지요. 삼국유사, 삼국사기 등을 보면 김춘추에게는 딸이 셋 있었어요. 첫째 딸은 고구려 귀족에게 시집을 가고 둘째 딸은 김유신의 부인이 됩니다. 셋째 딸은 기록은 있는데 어떻게 됐는지 오리무중이에요. 저는 페르시아의 왕자가 이 셋째 딸과 결혼했을 가능성이 크다고 봅니다.

이런 이야기가 500년간 구전으로 내려오다가 10세기 말 중국이 발명한 종이가 일반화되면서 기록되었다고 추정되고 있어요. 인류 역사는 10세기 말을 기점으로 기록의 시대로 들어섭니다. 그전은 구전의 역사, 즉 기억의 시대였습니다. 세계적인 현상이에요. 우리나라 삼국사기, 삼국유사 등도 향가처럼 구두로 내려오다가 고려 때 와서 쓰인 거잖아요.

「쿠쉬나메」도 그래요. 11세기에 이란의 하킴 이란샨 아불 카이라는 학자가 전해 내려오는 말들을 채록해서 필사를 했어요. 그 원본이 영국 국립도서관에 소장되어 있어요. 2020년 말에는 전체 번역이 완성될 거로 봅니다. 영국 국립도서관하고 협의해서 영문으로 먼저 출간하기로 했어요. 이걸 다시 한글로 옮기는 데는 시간이 많이 걸리지 않으니까 대략 2021년 상반기쯤에는 우리도 전문을 읽을 수 있지 않을까 싶습니다. 그러면 파장이 클 거예요.

이 책에는 폴로 게임이나 결혼 풍습 등 신라에 관한 광대한 증언과 기록이 담겨 있어요. 한국 고대사의 새로운 지평을 열 것으로 기대합니다. 이런 내용이 KBS에서 이미 방영이 됐어요. 50분짜리 2부작으로 만들었습니다. 처음엔 연구비를 조달하기가 어려웠는데 이 방송이 나가고 나서는 여기저기서 지원이 들어와요. 덕분에 연구가 아주 잘 되고 있습니다. (웃음)

신라의 이슬람 사람들

신라와 교역하던 이슬람 상인들은 직접 신라에 들어와 살기 시작해요. 중국 동부의 대표적인 국제 항구로 광저우[광주], 취안저우[천주], 푸저우[복주], 양저우[양주], 항저우[항주], 이렇게 다섯 개를 꼽을 수 있는데요. 여기에 이슬람 상인들이 자리를 잡습니다. 이를 '번방'[蕃坊]이라고 했고요. 875년경 중국에서 황소의 난이 일어났을 때, 광저우에서만 10만 명가량의 아랍계 외국인이 희생되었다는 기록이 있는 걸로 보아 당시 번방의 규모를 짐작할 수 있습니다.

이때는 일본과 한반도, 중국 동부를 연결하는 삼각 무역이 활발했습니다. 여기서 굉장히 중요한 인물이 등장하지요. 바로 장보고입니다. 9세기경 통일 신라 시대의 해상 교역은 장보고가 독점합니다.

그러다 845년 결정적인 사건이 발생하지요. 신문왕 옹립 사건에 연루되어서 장보고가 처형당합니다. 왕실이 보낸 자객에 의해 죽음을 맞죠. 851년 지금의 완도 지역에 설치되었던 청해진도 철폐됩니다. 그러면서 동북아 해상 교역권이 무주공산이 돼요. 이 틈을 이용해 양저우에 있던 아랍-페르시아 상인들이 동북아 해상 교역권을 장악합니다. 그전까지 중국을 사이에 두고 간접적으로 신라와 교역하다가 이때부터 직접 신라에 진출합니다. 이런 내용은 이슬람 역사서에서 확인할 수 있어요.

846년에 편찬된 이븐 쿠르다드비의 『왕국과 도로총람』에 다음과 같은 글이 나옵니다.

"중국의 동쪽 항저우의 맞은편에 신라라는 나라가 있다. 산이 많고 왕이 많은 나라이다. 그곳에는 금이 많다. 이곳에서 생산되는 물품으로는 비단, 검, 사향, 노회알로에, 말안장, 담비 모피, 도기, 범포, 육계 등이 있다. (중략) 신라로 진출한 무슬림들은 자연환경의 쾌적함 때문에 영구 정착하여 떠날 줄을 모른다."

이 내용을 알기 쉽게 번역해 보겠습니다. 그들이 보기에 우리나라 자연환경의 첫 번째 특징은 "산이 많다"입니다. 초원, 사막 이런 것만 보다가 우리나라에 와 보니 푸른 산들이 곳곳에 있거든요. 실제로 우리나라 국토의 70퍼센트가 산악 지대잖아요. 나름대로 특징을 잘 간파한 거죠. 그리고 "왕이 많다"라는 건 무슨 뜻이냐 하면 자기들은 제국이니까 딱 한 사람 말만 듣잖아요. 그런데 신라는 왕 말고도 생사여탈권을 가진 관리들이 있었잖아요. 이걸 보고 왕이 많다고 생각한 것 같아요.

그리고 '금'이 나오죠? 장사하는 사람들에게 제일 중요한 건 결제 화폐의 존재 여부예요. 일단 금이 있으니 됐다, 그런 말이고요. 다음은 상품이겠죠. 비단, 칼, 사향 등등 장사할 만합니다. 마지막 대목은 정착한 사람들이 많다는 건데, 척박한 땅에 돌아가서 사느니 물 좋고 산 좋은 신라에서 그냥 살았다는 겁니다. 그만큼 이슬람권 사람들의 후손들이 우리 안에 많이 있을 거란 얘기지요.

우리가 서구 중심으로 역사를 봐서 그렇지, 이슬람 역사서만 해도 우리나라에 대한 다양한 정보를 얻을 수 있어요. 제가 이슬람을 공부하면서 깨달은 점입니다.

1154년 제작된 이슬람 지리학자 알 이드리시가 만든 세계 지도가 있는데요, 한국이 등장하는 최초의 세계 지도예요. 유럽이 제작한 세계 지도보다 무려 400년을 앞섭니다. 여러 나라가 등장하는데요. 중국이 있고 인도, 신라가 있어요. 여기에 표시된 나라들은 그들 입장에서 중요한 나라들이에요. 중요하다는 건 교역국으로서 가치가 있다는 겁니다. 당시 신라는 굉장히 경제적으로 부유한 국제도시였어요. 또 항저우에서 배를 타고 왔기 때문에 섬으로 묘사했고요. 여기서도 확인할 수 있지만 이슬람 사람들에게 신라는 이처럼 매력적인 나라였습니다.

또 하나 이슬람 사람들의 신라 정착과 관련해서 우리가 주목해야 할 인물이 바로 설화에도 등장하는 '처용'입니다.

삼국사기에서는 신라 헌강왕 5년879년에 생김새와 옷차림이 괴이한 네 사람이 왕 앞에 나와 노래하고 춤추었다고 기록하고 있습니다. 처용의 이야기가 담긴 삼국유사 '처용랑망해사'는 대략 이런 내용이에요. 헌강왕이 개운포현재의 울산에서 동해의 용을 만납니다. 그의 일곱 아들 중 하나인 처용이 왕을 따라 궁궐로 가요. 벼슬도 하고 머물러 살다가 신라 여인과 결혼합니다. 그런데 어느 날 술을 한잔 마시고 집에 돌아와 보니 다른 남자가 있어요.

"서라벌 밝은 달 아래 밤늦게까지 노닐다가 집에 들어와 잠자리를 보니 다리가 넷이어라. 둘은 내 아내 것인데 둘은 누구 것인고? 본래 내 것이었는데 빼앗아 간 것을 어찌하리오."

여러분도 잘 아는 처용가입니다. 보통 사람 같으면 작살을 내야 할 텐데 처용은 그냥 허허 웃고 돌아가잖아요. 그 마음에 감복한 남자가 처용에게 당신 얼굴만 보여도 그 집에는 얼씬도 않겠다고 맹세하고 돌아간다는 내용이잖아요. 이후 부인과 가족을 지키기 위해 집집마다 처용 모습의 탈을 내거는 풍습이 생겼어요. 처용의 얼굴이 액운을 물리치는 벽사의 역할을 한 거예요. 처용의 탈을 쓰고 춤을 추는 처용무가 유네스코 무형 문화유산으로 등재될 만큼 처용은 우리 전통문화의 일부가 되었습니다.

처용에 관한 학계의 관심도 높아서 1960년 이후 50여 년간 관련 논문만 330편 정도 돼요. 그럼에도 처용이 누군지, 그 정체는 아직도 오리무중이에요. 아랍 사람, 페르시아 사람, 몰락한 신라 호족의 자제, 방탕한 상류층, 특별한 치유 능력을 가진 사람 등등 의견이 분분합니다.

신라 고분에서는 무인 석상이 많이 나옵니다. 경주 괘릉에 왕릉을 지키는 무인 석상이 있는데요, 보시면 페르시아 사람들이 쓰는 모자를 쓰고 있어요. 뒤에 보면 묶은 끈이 선명합니다. 이는 이란 북동부 호라산 지역의 복식과 일치합니다. 호라산은 콘스탄티노플에서 출발하는 실크로드의 핵심 허브 도시입니다. 이런 점을 종합해 보면 처용이 당시 신라에 와 있던 페르시아 상인이었을 가능성이 있어요. 당시 중국 상황을 보면 개연성이 더욱 높아집니다.

앞서 잠깐 말씀드렸지만 황소의 난으로 이슬람 상인들이 큰 화를 입어요. 중국 당나라 말기인 876년 소금 밀매업을 하던 황소가 중국 산둥반도에서 반란을 일으킵니다. 해안가를 따라 내려오면서 약탈과 학살을 자행하지요. 878년에 광저우를, 880년에는 낙양과 수도인 장안까지 점령합니다. 그러나 곧 세력이 급격히 약해지면서 소탕됩니다. 중국 역사상 가장 처참한 반란으로 기록되어 있어요. 이때 아랍-페르시아 상인들의 공동체인 번방이 약탈의 대상이 됩니다. 학자들은 이때 10~12만 정도 희생된 거로 보고 있어요. 살아남은 사람들은 내륙 쪽으로 피난을 갑니다. 이들이 바로 오늘날 중국 회족의 조상이 돼요.

중국은 55개 소수 민족과 한족으로 구성되어 있습니다. 소수 민족 중 가장 큰 게 회족이에요. 오늘날 회족 인구를 약 5000만 명 정도로 보는데요. 인구의 자연 증가율을 계산해 보면 880년 전후 대략 20~30만 명이었을 것으로 추정합니다. 희생자의 두 배 정도가 살아서 내륙으로 피난을 갔던 거예요.

아마도 일부는 배를 타고 동족들이 사는 인도나 스리랑카, 인도네시아, 말레이시아, 베트남 남부로 갔을 겁니다. 학자들은 이것이 동남아 이슬람화의 시작이라고 보고 있어요. 12세기 무렵 이 지역은 이슬람 국가로 번성합니다. 황소의 난이 대대적인 인구 이동을 불러온 거예요.

앞서 신라의 장보고가 죽고 청해진이 없어지고 난 지 30여 년 후 황소의 난이 일어납니다. 한 세대가 지났습니다. 그때는 이슬람 상인들이 신라에 안방 드나들듯이 오가고 있을 때입니다, 시기적으로 그렇죠? 한 세대가 이미 지났으니까요. 그렇다면 생각해 보세요. 살육을 피해 내륙으로 동남아로 갔듯이 신라로 피난을 오는 이슬람 상인이 있지 않았을까요? 하필 처용이 등장한 시기가 바로 이때입니다.

황소의 난 종결 시점인 879년 처용이 신라의 울산 앞바다에 도착했다는 게 우연의 일치일까요? 혹시 역사적 필연은 아닐까요?

황소의 난과 이로 인한 민족 대이동을 고려하지 않고 문헌에만 매달리면 처용을 이해할 수 없습니다. 처용이 등장하는 바로 그 시기에 중국의 동남부 해안 지대를 강타한 대살육과 일차적 피해자인 이슬람 상인들의 처지를 고려한다면 처용의 실체와 설화의 분석도 다른 각도에서 접근할 수 있다고 봅니다. 처용이 이슬람 사람이라고 확증할 수는 없지만, 당시 시대적 배경을 알면 우리가 좀 더 사실에 근접할 수 있지 않을까 하는 생각을 해봅니다.

이제 고려 시대로 넘어갈까 합니다.

포용과 상생의 눈으로 세상을 보자

고려사에는 다음과 같은 기록이 나옵니다.

> "9월에 대식국의 열라자悅羅慈 등 백 명이 와서 방물方物을 바쳤다."
> "대식만大食蠻의 하선夏詵, 라자羅慈 등 백 명이 와서 방물方物을 바쳤다."

앞엣것은 『고려사』高麗史 현종顯宗 15년조1024년의 기록으로 무슬림의 대규모 방한에 대한 최초의 기록입니다. 뒤엣것은 1년 뒤의 기록이고요. 여기에 나오는 대식국 사람들이 바로 무슬림 즉, 이슬람 사람들이에요. 왕이 이들을 극진히 대접하고 교역했다는 내용이 1024년, 1028년, 1040년 기록에 등장합니다. 이때만 해도 '대식국', '대식만'이었다가 고려 말기 우리가 몽고의 지배를 받으면서는 이름이 바뀌어요. 중앙아시아의 이슬람 사람들이 대규모로 들어오면서 회회인回回人으로 불립니다. 회교도 즉, 이슬람 사람을 일컫는 말이에요.

12세기 말부터는 중앙아시아의 이슬람 사람들이 조선 시대 세종 초기까지 우리나라에 머물러 삽니다. 모스크도 짓고 꾸란도 낭송하면서요. 이능화 선생이 쓴 『조선 불교통사』1918년에 보면 고려 말 회회인으로 알려진 무슬림 집단이 수도 개경에 마을을 형성하고 살았는데 이들이 고유한 복식과 음식, 언어를 썼고 종교 의례를 위해 예궁이라는 이름의 모스크를 지었다는 내용이 나옵니다. 남북 교류가 활성화되어 학문적 교류가 가능해진다면 저는 개경에 있었다는 예궁의 흔적을 찾고 싶어요. 당시 이슬람은 세계 최고의 과학 기술을 가지고 있었습니다. 그래서 조선 초기 왕실에 근무하면서 과학자 역할을 했어요. 실록에 보면 궁중의 공식 행사에 무슬림 대표나 종교적 지도자들을 초청했다는 내용[回回朝會 회회조회]이 나옵니다. 또한 이슬람식 의식인 회회축송回回祝頌에 따라 임금의 만수무강과 국가의 안녕을 기원했다는 기록도 있어요. 회회축송이 뭘까요? '축송'祝頌이라는 건 임금의 만수무강과 나라의 안녕을 기원하는 노래를 말합니다. 그럼 뭐겠어요? 당연히 꾸란 낭송이었겠지요.

또한 실록은 1418년 세종 즉위식 장면을 다음과 같이 기록하고 있습니다.

> "경시庚時에 종실과 문무백관이 조복朝服으로 경복궁 뜰 내에 반열班列과 서차序次대로 늘어서다. 임금이 원유관遠遊冠에 강사포絳紗袍로 근정전에 나오니, 여러 신하들이 절을 올려 하례를 하고, 성균관 학생과 무슬림 원로回回老人와 승도僧徒들도 모두 참여하다."

여러분, 왕의 즉위식은 아무나 참석 못 합니다. 그만큼 이슬람과 조선이 깊은 관계였음을 보여줍니다.

세종 때 만들어졌던 역법에도 이슬람의 과학 기술이 들어가 있습니다. 특히 『칠정산』 외편은 이슬람 역법의 한국 버전입니다. 역법曆法은 시간과 날짜를 계산하는 방법을 말해요. 달력도 역법의 일종입니다. 이 시기 혼천의, 측우기, 자격루 같은 많은 과학 기기들이 이슬람 과학의 영향을 받아 제작됩니다. 그렇다면 이러한 이슬람 문명의 영향이 왜 오늘날까지 연결되지 않는가, 여기에는 이유가 있습니다. 실록을 보도록 하지요.

> "예조가 아뢰기를 무슬림들의 무리가 의관衣冠이 달라, 사람들이 모두 우리 백성이 아니라고 하여 더불어 혼인하기를 부끄러워한다. 이미 우리나라 백성이 되었으므로 우리 식 의관을 좇아야만 차이가 없어져 자연히 혼인도 하게 될 것이다. 또한 무슬림들이 대조회大朝會 때 송축頌祝하는 예禮도 폐지함이 마땅하다고 하니 왕이 다 그리하라 하시다."

1427년경 예조가 세종대왕에게 상소를 올렸다는 내용입니다. 한마디로 이방인들과 어울리지 말라는 얘기예요. 이를 세종이 그리하라고 허락합니다. 그 후 500년 동안 이슬람 사람들은 기록에 나타나지 않습니다. 그때부터 유교주의가 강화되면서 주자

학만이 최고의 가치로 나머지는 '오랑캐'로 배격해요. 이런 문화 순혈주의는 결국 조선 말기 쇄국과 패망으로 이어집니다.

신라 시대, 고려, 조선 초기만 해도 우리 문화가 다른 생각, 다른 가치에 열려 있었어요. 외부와 교류하면서 장점을 자기화하는 탁월한 DNA를 가지고 있었죠. 저는 이게 우리 문화의 저력이고 우리 민족의 역량이라고 생각합니다.

우리 근현대사는 식민지와 전쟁 등 우여곡절을 겪습니다. 이 과정에서 단일 민족 이데올로기가 득세하지요. 그리고 획일화된 서구 중심주의로 세상을 봅니다. 그러나 지금은 어때요, 싫든 좋든 다문화 사회로 가고 있잖아요. 그랬을 때 우리가 잃어버린 포용의 문화, 용광로 문화의 저력을 다시 한 번 되새기는 것도 의미가 있다고 봐요. 그러려면 올바른 역사 인식을 가져야 해요.

우리는 그동안 1970년대 이후 정치 현상학적으로 만들어졌던 이슬람 포비아의 눈으로 세상을 보았습니다. 그러다 보면 세계관이 얕아지고 오해와 편견에 사로잡힐 수밖에 없어요. 우리가 서구를 버리자는 이야기가 아니에요. 오히려 우리의 눈으로 냉정하고 객관적으로 세상을 보자는 이야기입니다. 그게 21세기 우리의 경쟁력이자 공존과 상생의 성숙한 인권 사회로 가는 길이라고 생각합니다. 그럼 이것으로 오늘 강의를 마치겠습니다. 고맙습니다.

질의응답

청중 이슬람교가 세계로 퍼질 수 있었던 이유가 무엇이라고 보시는지요?

이희수 무엇보다 세기말적 현상이 팽배했던 6세기 말의 시대적 상황에서 새로운 이념으로 무장하면서 등장한 이슬람 정권은 인류 역사상 거의 최초인 토지공개념 제도와 조세 혁명, 계급 타파 그리고 기득 토호들을 관용하는 정책으로 성공의 기틀을 잡습니다. 평등과 평화를 기치로 억압받는 하층민의 지지를 이끌어낼 수 있었던 것도 성공의 주요 요인이었어요. 자기와 다른 이념과 사상, 다른 종교와 생각을 존중하는 용광로 정신이야말로 중세 이슬람제국이 천 년간 세계 최고의 문명과 과학기술 진보를 이룩한 단단한 원동력이었습니다.

청중 이슬람교와 기독교의 차이를 교리와 함께 간략하게 비교해서 설명 부탁드립니다.

이희수 종교사를 보면 이유를 알 수 있습니다. 유대교는 이스라엘을 중심으로 한 토착 종교, 민족 종교였습니다. 이걸 극복하고 나온 게 기독교잖아요. 그 후 600년쯤 뒤에 나온 게 이슬람교입니다. 지금은 종교적 분쟁이 잦지만 사실 이들 종교의 뿌리는 같아요.

거칠게 정리하자면 아담과 이브, 창세기, 노아의 방주, 아브라함의 이야기, 모세의 출현 시기까지는 유대교, 기독교, 이슬람교가 성서를 공유합니다. 이후 예수 그리스도의 출현을 어떻게 받아들이느냐에 따라 달라져요. 유대교는 예수를 혹세무민하는 위선자로 평가합니다. 그래서 유대교는 토라유대교 율법의 모세 구약 중심이에요. 이를 해석한 게 탈무드이고요. 반면 기독교는 삼위일체설을 받아들이면서 예수를 독생자로서 완전한 인성과 신성을 지닌 존재로 정립합니다. 인간의 원죄를 대신 사하고자 십자가에서 죽임을 당하고 3일 만에 부활하지요.

이슬람교도 예수 그리스도를 받아들입니다. 그러나 단 한 줌의 신성도 갖지 않는 인간으로 존재해요. 물론 존경의 대상이지만 신은 아닌 거예요. 예컨대 동로마 제국의 국교였던 동방정교그리스정교가 그렇습니다. 예수가 태어난 베들레헴이 지금의 팔레스타인 지역입니다. 중동 지역이에요. 이 지역 사람들은 자기 눈으로 인간 예수를 보았잖아요. 예수가 인간 마리아의 몸에서 출산했다는 사실을 알고 있습니다. 이 사람들이 보기에는 예수가 훌륭한 건 맞지만 신으로 모시는 것은 지나치다고 생각했어요. 그래서 예수가 곧 신이라는 삼위일체설이 이슬람교에서는 받아들여지지 않아요. 기독교 입장에서는 오만불손하기 짝이 없는 태도이지요. 하지만 상대적으로 포용적이었어요. 기독교가 유일신을 섬기며 배타적으로 성장할 때 이슬람은 다양한 지역의 문화와 종교를 받아들이면서 세력을 확장했어요. 지금 우리가 아는 이슬람과는 다릅니다. 지금은 '이슬람' 하면 원리주의자, 테러리스트 이런 걸 떠올리잖아요.

이슬람이 어쩌다 이렇게 되었느냐, 여러분도 아시겠지만 포용 또는 관용이라는 건 강자가 약자에게 베푸는 겁니다. 전세가 역전되자 상황이 달라져요. 과거 전 세계를 지배하던 이슬람이 최근 200년간 서구의 지배를 받습니다. 그러면서 톨레랑스의 문이 닫힌 겁니다. 그러나 대부분의 이슬람 사람들은 여전히 현실을 인정하고 서구와 협력, 공존하자는 생각을 하고 있어요. 다만 소수의 원리주의자들도 있습니다. 이들은 현실 인식부터 달라요. 지난 1000년간 세상을 지배하던 이슬람이 쇠락한 이유를 서구의 것을 받아들였기 때문이라고 생각합니다. 순수한 이슬람으로 돌아가야 한다고 주장하지요. 알 카에다와 ISIL 등이 이렇게 해서 만들어진 조직입니다. 이들이 잔혹한 테러 방식을 일삼는 데는 이유가 있어요. 그래야 더 이목을 끌 수가 있기 때문입니다. 이런 전략들은 포용과 관용의 종교인 이슬람과 맞지 않습니다.

지금 이슬람이 포용과 관용의 문을 닫고 서구의 피해와 압박에 저항하는 것처럼 보이지만 역사적으로 보면 이슬람 전체의 모습이 아니라 극소수입니다.

3퍼센트도 안 되는 극소수 집단에서 이슬람 전체를 보지 말고 나머지 90퍼센트 이상의 보통 이슬람 사람들을 봐야 해요. 그게 우리가 국제사회의 일원으로서 세계와 공존하는 길이라고 말씀드리고 싶어요.

3강. 일본에서 본 한국

김효순 | '포럼 진실과 정의' 공동대표

김효순('포럼 진실과 정의' 공동대표)

서울대학교 정치학과를 졸업하고 동양통신, 경향신문을 거쳐 한겨레신문 창간에 참여해 도쿄 특파원, 편집국장, 편집인을 지냈다. 2007년부터 취재 현장에서 대기자로 활동하다가 퇴직했고, 현재 '포럼 진실과 정의' 공동대표를 맡고 있다. 한일 관계, 동아시아의 평화, 화해, 시민운동 등을 주제로 글을 쓰고 있으며, 역사에 버림받은 사람들에 대해 관심이 많다. 저서로 『조국이 버린 사람들』, 『간도 특설대』, 『역사가에게 묻다』, 『나는 일본군, 인민군, 국군이었다』, 『가까운 나라 모르는 나라』 등이 있다.

3강
일본에서 본 한국

오늘 여러분과 이야기 나눌 주제는 일본입니다. 일본이란 나라를 어떻게 볼 것인지, 인권의 눈으로 바라본 일본에 대해 이야기를 나눠 볼까 해요. 저는 30여 년간 신문기자 생활을 하다가 7년 전 한겨레신문사를 퇴직했습니다. 지금은 글을 쓰고 책을 내면서 강연을 다니고 있어요. 그나마 이렇게 여러분과 일본에 대해 이야기를 나눌 수 있는 이유는 특파원으로 일했기 때문이에요.

샌프란시스코에서 있었던 일

해외에서 취재하다 보면 한국에 있을 때와 다른 경험을 하게 되는데요, 예를 들어 큰 국제회의가 있으면 전 세계에서 기자들이 몰려옵니다. 말도 많고 오지랖이 넓은 친구들이라 제가 한국에서 왔다고 하면 그때부터 질문 공세가 시작돼요. 특히 구미 지역의 기자들 중에는 고아 수출국이라는 불편한 현실을 상기시켜 주는 사람들도 있었어요. 한국에서 아이를 입양한 친구가 있다든가, 입양아로 성장해 사회적으로 성공한 한국계 사람을 알고 있다며 아주 반가운 척 얘기를 꺼내요. 저로서는 전혀 반가운 주제가 아니거든요. 한편으로는 내가 사는 나라에 대해 외부인의 시각으로 한 번도 보지 못했다는 생각이 들었어요. 어려서 외국으로 입양 보내진 사람들, 그들은 어떤 삶을 살았을지, 그들에게 조국은 어떤 의미일지 그런 고민을 해보지 못했으니까요. 우물 안 개구리였다고 할까요. 해외 특파원 생활이 좀 더 객관적으로 우리를 들여다볼 수 있는 계기가 되었어요.

외무부를 출입하던 1986년도 일입니다. 제가 기자 생활 대부분을 정치부와 국제부에서 했는데요, 국내에서 활동하면서 해외에 나갈 일이 가끔 있습니다. 외무장관이 해외에 나가면 동행 취재를 하기도 하고 해외 행사에 초청되기도 해요. 한번은 모로코에서 국왕 핫산 2세의 즉위 25주년 행사를 한다며 한국 기자들을 세 명 초청했어요. 지금은 해외여행도 자유롭고 관광도 많이 가지만 그때만 해도 모로코는 아주 먼 나라였습니다. 미국이나 유럽도 아니고 북아프리카에 있는 데다 프랑스어를 쓰다 보니 가려는 사람이 없어요. 그때 제가 용감하게 지원했습니다. (웃음)

방송사 기자 2명과 함께 갔는데 세계에서 300명 이상 온 것 같아요. 역시 아랍권 기자가 많았고 아프리카, 유럽에서도 왔습니다. 주최 측에서 방 배정을 하는데 2인 1실입니다. 그러다 보니 한국 기자가 한 명 남아요. 방송사 기자 한 명이 아프리카 말리에서 온 기자와 방을 같이 쓰게 됐습니다. 그런데 이분이 너무 싫어하는 거예요. 어떻게 흑인-실제로는 보다 심한 말을 사용-이랑 같이 잠을 잘 수 있느냐고. 노골적으로 인종차별 발언을 하더라고요. 그래서 제가 말리에서 온 기자와 같이 자기로 했습니다.

당시 말리는 아프리카 최빈국이었죠. 덕분에 그 말리 기자와 이런 저런 얘기를 할 수 있었는데요. 보니까 정말 아무런 장비도 없더라고요. 심지어 보급형 카메라도 없어요. 우리는 방송사가 갔으니까 그쪽 위성 장비도 예약해서 쓰고 그랬거든요. 나름대로 비용을 들였습니다. 제가 말리 기자에게 기사는 어떻게 쓸 거냐고 물었죠. 말리 기자뿐만 아니라 블랙 아프리카에서 온 기자들 다수는 모로코 공보처에서 자료를 받아갈 거라고 하더군요. 행사 내용, 비디오 자료 등을 받아서 이리저리 편집하는 거예요. 당시 많은 나라에서 온 기자들이 있었지만 나라별로 사정이 천차만별이었습니다. 빈익빈 부익부를 실감했어요.

그리고 또 기억에 남는 게 미국의 동성애자 문화에 대한 경험이었습니다. 제가 같은 해인 1986년에 WPI World Press Institute 연수를 가게 되었어요. 미국의 비영리 언론기구인데요. 1960년대 초반부터 세계 언론인에게 미국을 알리는 프로그램을 진행하고 있어요. 이 프로그램이 어떻게 시작되었는지를 알려주는 일화가 있어요.

유럽에 대홍수가 나서 물난리가 심하게 난 적이 있어요. 어떤 미국인이 네덜란드로 자원 봉사를 갔는데, 당시 유럽 사람들과 이야기를 해보니 자기 나라, 즉 미국에 대해 너무 모르더래요. 군사력은 최고지만 졸부 근성이 있는 데다, 교양은 없는, 뭐 그런 부정적인 평가를 듣고 충격을 받게 되었어요.

이 사람이 본국으로 돌아와서 결심을 합니다. 유럽 사람들을 불러다가 미국에 대한 이해를 제대로 시켜야겠다. 그래서 자원 봉사를 하면서 알게 된 사람들을 미국에 초청해서 여기저기 데리고 다니면서 미국 사회의 이모저모를 경험하게 해요. 그러다가 보통 사람보다는 언론인이 더 낫겠다 싶었는지 기자들을 초청하기 시작해요. 그렇게 이 프로그램이 시작됩니다.

저도 이때 6개월 동안 미국 각지를 돌며 현장 체험을 했어요. 정부기관, 지방자치단체 연구소, 언론기관뿐만 아니라 인디언 등 소수자 모임도 살펴볼 수 있었지요. 당시는 미국이 아주 잘나가던 시절입니다.

이 프로그램에 참여하게 되면 주최 측 본부가 미네소타 주에 있는데 주도州都인 세인트폴의 머칼레스터 대학에서 한 달 동안 강의를 들어야 해요.

주제는 다양합니다. 미국 사회 전반에 걸친 문제들, 예를 들어 정치, 이혼, 인종차별 등에 관해 듣고 그다음에 남은 5개월 동안 미국 각지를 돌아다녀요. 이 프로그램이 굉장히 독특했던 게 커다란 승합차 두 대에 여섯 명씩 나눠 타고 미국 전역을 방문합니다. 거의 30여 개 주를 다녔습니다. 정작 미국에 사는 사람들도 그렇게 넓은 곳을 구경하지는 못했을 거라는 생각이 들 정도였습니다. 그중 특히 샌프란시스코가 인상적이었어요. 언론사와 연구소 등을 다니는데 동성애자·성 소수자 인권 단체들이 많더라고요. 남자 동성애자 모임, 여자 동성애자 모임, 동성애자 경제인협회, 동성애자 인권 단체…. 저는 그때 처음으로 스스로 동성애자임을 밝힌 사람을 만났습니다. 저로서는 동성애자를 만난다는 사실이 놀라운 일이었어요. 미국에서 이동 중 여러 부류의 미국인들과 다양한 접촉을 하게 되는데 그들이 이따금 미국에 대한 인상을 저에게 묻습니다. 그래서 제가 동성애자 관련한 이야기를 하니까 어느 날 간사 역을 하는 사람이 저를 부르더라고요. 당신이 그냥 이런저런 이야기를 하는 건 좋은데 조금 표현을 조심해서 하는 게 좋겠다. 그러면서 당신이 이야기하는 상대 중에 바로 동성애자가 있을 수도 있고 아니면 자기가 아니더라도 자기 주변에 그런 사람이 있을 수가 있다. 자기가 얼핏 보기에 내가 동성애를 좀 진귀한 사회현상으로 이야기하는 것 같은 인상을 받았다고 말해요. 동성애를 이런 방식으로 보는 건 좋지 않다며 표현을 조심하라고 충고를 해요. 저는 아차 싶었습니다. 샌프란시스코는 동성애자 문제와 관련이 깊은 도시였습니다. 당시 시의원으로서 동성애자 인권 옹호를 위해 싸우다 1978년 피살당한 하비 밀크에 대한 추모 열기도 컸고요. 이분의 일대기를 다룬 다큐멘터리 〈The times of Harvy Milk〉가 바로 전해인 1985년 아카데미 다큐멘터리 상을 받은 영향도 있었을 겁니다.

나중에 홍석천 씨가 커밍아웃을 했을 때 이때의 경험을 칼럼에다 쓴 적이 있어요. 2000년 10월 6일자 한겨레신문이었는데 다음날 이메일이 수십 개가 와 있더라고요. 그런데 대부분이 욕이에요. 아침부터 밥맛 없게 뭐냐, 이런 식입니다. 저는 좀 놀랐어요. 우리나라 성 소수자들이 얼마나 고통받고 있는지 알 수 있었습니다. 지금까지 인권과 관련해서 제가 기자로서 겪은 특별한 경험 중 일부를 여러분께 말씀드렸어요. 이제 본론으로 들어가겠습니다. 일본이라는 나라를 인권적 시각으로 한번 살펴보겠습니다.

서구의 눈에 비친 일본

2차 대전 패전국으로서 절치부심하던 일본이 다시 전성기를 맞은 게 1970~80년대입니다. 잘나가던 시절이었지요. 떠오르는 경제 대국이었습니다. 세계인들의 인식도 좋았죠. 경제적으로 부강한 나라, 기술력도 좋고 매너도 좋은 나라라고 칭찬들을 많이 했습니다. 이런 시각이 실린 대표적인 책이 바로 에즈라 보겔의 『*Japan as Number 1*』1979년이에요. 세계적인 베스트셀러였어요. 한국과의 격차가 매우 컸습니다. 1990년대 초반 지금은 세계적 기업이 된 삼성의 이건희 회장이 당시 일본 전자제품 시장의 중심지인 아키하바라로 임원들을 잔뜩 끌고 가서 삼성 제품 어디에 있느냐고, 우리는 왜 일본처럼 못하느냐고 다그칠 정도였으니까요. 그러다가 버블 경제가 붕괴하면서 침체기에 빠졌지만 지금도 세계 정치와 경제 분야에서 무시 못 할 영향력을 가지고 있습니다. 우리나 중국은 일본에 안 좋은 감정을 가지고 있어서 그들을 폄하하는 경향이 있습니다. 그러나 지피지기면 백전백승이라고 우선 그들을 객관적으로 볼 필요가 있어요.

일본은 한때 구미 열강과 전쟁을 벌일 만큼 강력한 국가였습니다. 태평양 전쟁 당시 일본은 미국보다 더 많은 아홉 척의 항공모함을 보유하고 있었습니다. 미국은 태평양 함대가 세 척, 대서양 함대가 네 척을 갖고 있었고요. 일본은 전투기 제작 능력도 최상급이었습니다. 특히 1940년 배치된 제로센 함상 전투기는 탁월한 기동력으로 연합군에겐 공포의 대상이었습니다. 당시 미쓰비시 중공업과 나카지마비행기가 제작한 비행기 수는 무려 1만 430기였습니다. 어마어마한 전투 수행 능력을 갖고 있었던 거예요.

그들이 군국주의를 추구하면서 비극적인 결과를 맞이하지만 처음부터 그랬던 것은 아닙니다. 근대화 초기에는 자기들 나름대로 인문과학, 사회과학, 서양의 선진 문물을 받아들이기 위해서 노력했어요. 그러다가 나중에 아시아를 지배하고자 하는 욕심이 생긴 거예요.

일본의 '근대화'에 대한 열망은 18세기 난학蘭學 열풍에서 찾아볼 수 있습니다. 일본의 의사 스기타 겐파쿠 등 몇 사람이 1774년 네덜란드 해부학 책을 번역해서 『해체신서』解體新書를 출간해요. 이를 시작으로 어학, 과학, 지리 등 다양한 학문이 일본으로 유입됩니다. 이후 일본의 근대 인문학은 엄청나게 발전합니다. 중국 신해혁명1911년 후 사회 혁명가들 상당수가 일본에 유학을 올 정도였어요. 아시아에서 『공산당 선언』을 제일 처음 번역한 곳도 일본입니다. 1904년 고토쿠 슈스이라는 사람이 번역을 하는데 이분이 나중에 대역사건으로 처형돼요. 메이지명치 천황을 암살하려는 음모를 꾸몄다는 죄명이었습니다. 당시 혁신계 인사들에 대한 대대적인 탄압이 이루어질 때 지도자였어요. 안중근 의사가 이토 히로부미를 저격했을 때 그 뜻을 기리는 글을 쓰기도 했습니다.

일본이 비록 군국주의의 길로 가기는 했지만 일찌감치 근대화에 나서면서 서구인들에게 선진국이라는 인상을 심어주었어요. 이는 통계에서도 확인이 됩니다.

일본에 신문통신조사회라는 곳이 있습니다. 아주 큰 언론 단체인데요. 거기에서 해마다 일본의 호감도에 대한 여론조사를 해요. 세계 여섯 나라 각각 1000명씩에게 묻습니다. 일본을 신뢰할 수 있는가? 여기에 "네"라고 대답한 비율이 나라별로 다음과 같습니다.

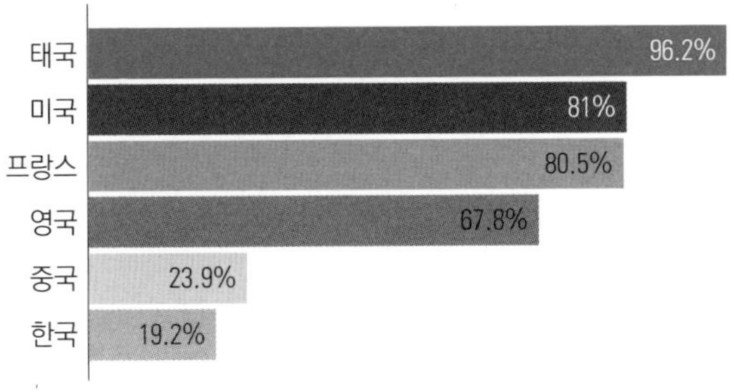

2018년 3월 자료예요. 우리나라와 중국의 결과가 다른 나라와 상당한 차이가 있지요. 어쨌든 세계인들이 일본을 보는 시각은 호의적입니다. 그런데 여기에는 양면성이 있어요. 일본에 사는 외국인들에게 물어보면 참 친절한데 이면에 배타성도 있다고 하거든요.

일본도 외국인 관광객 수입이 차지하는 비중이 커요. 그래서 관광객 유치에 많은 노력을 기울여요. 그래서 그런지 일본에 다녀오고 나서 욕하는 사람이 드뭅니다. 치안도 잘 되어 있고 교통수단도 잘 발달되어 있지요. 시간 딱딱 맞춰서 다닙니다. 특히 파업이나 기타 사정으로 불편을 자주 겪는 유럽 사람들은 이 부분에 감탄합니다. 그리고 거리가 깨끗하지요. 일본 사람들은 목욕도 자주 하고 엄청 깔끔하잖아요. 국민성이 그런 건지 자기 집 주변은 물론 거리도 깨끗하게 정리합니다.

그리고 친절해요. 저도 특파원 시절에 몇 차례 경험했는데, 아무리 길을 잘 알아도 현지에서는 물어봐야 할 때가 있잖아요. 그러면 그냥 말로 대답하는 데 그치지 않고 제가 찾는 곳에 직접 데려다주고 가요. 우리 같으면 상상할 수 없잖아요. 바쁜데 누가 와서 길을 물어봐요. 그럼 모르겠다고 그냥 가거나, 간단하게 설명하고 끝일 텐데 말이죠.

여기까지만 들으면 일본이 그야말로 이방인의 천국처럼 느껴집니다. 하지만 배타적인 측면도 있어요. 외국인이 현지에서 집이나 사무실 구하기가 힘들어요. 1992년으로 기억하는데요, 처음 특파원으로 가서 집을 구해야 하는데 그때 애를 많이 먹었어요. 이 사람들이 기본적으로 외국인이라고 하면 방 줄 생각을 안 합니다. 현지 보증인을 내세워야 하는데 누가 보증을 해주겠어요. 정말 너무하다 싶은 생각이 들 정도로 안 해줍니다.

우리도 그럴 수 있어요. 제가 집을 내놨는데 어느 날 복덕방에서 외국인을 데려오면 이것저것 따져볼 겁니다. 우리나라에서도 외국인이 방을 구하기가 쉽지는 않겠지요. 그래도 우리는 한번 친해지면 정이라는 게 있잖아요. 일본 사람들은 정을 쉽게 주지 않아요. 한국은 아무리 외국인이라고 해도 조금 친해지면 너나 없잖아요. 예전에 재일 동포가 제게 한 말이 기억납니다. 한국에 와서 다방에서 담배를 피우는데 용건이 있어 만난 마주 앉은 사람이 묻지도 않고 담배를 한 개비 빼 가서 피더래요. 이 사람이 깜짝 놀랐답니다. 일본 같으면 양해를 구하지 않고 남의 담배에 손을 댄다는 것은 상상도 할 수 없는 일이지요. 우리는 예전부터 담배 인심이 후했잖아요.

한 일본 여성이 한국에 와서 살다가 이웃과 친해졌답니다. 그러면 서로 집에 놀러도 가잖아요. 어느 날 한국 여성이 자기 집에 놀러왔는데 자기에게 물어보지도 않고 냉장고를 열더니 음료수를 마시더래요. 이분도 깜짝 놀랍니다. 이 역시 일본에서는 상상할 수 없는 일이거든요. 우리는 남의 집 냉장고를 여는 일이 그렇게 실례가 되는 것은 아니잖아요. 일본은 개인 프라이버시가 철저합니다. 일본인 친구는 사귀기가 힘들어요. 겉으로는 친절할지 모르지만 오래 지내도 거리를 두고 쉽게 속내를 열지 않는다고 해요.

일본은 집단주의가 내면화되었다고 할까요, 개인을 잘 드러내지 않아요. 일례로 버스나 지하철을 타면 이상할 정도로 조용해요. 그러니까 우리가 겉으로 볼 때하고 그 사회 안으로 들어가서 볼 때하고 조금 차이가 있어요. 양면성이 있습니다.

한 사회의 이면을 가장 잘 볼 수 있는 게 바로 아웃사이더들입니다. 일본의 대표적인 아웃사이더가 누구일까요? 바로 재일 동포예요. 그들의 눈으로 보면 일본은 사회적 소수를 배제하는 혐오의 사회입니다. 과거에도 그랬고 지금도 그래요. 도심에서 버젓이 혐한 시위를 하잖아요.

일본은 패전 후 재일 조선인의 일본 국적을 박탈했습니다1947년. 그리고 '조선적'으로 분류했어요. 그러면서 일본에 잔류하게 된 역사적 경위를 외면한 채 기본적 인권을 무시했습니다. 재일 조선인은 사회의 문제아 취급을 당해요. 잠재적 치안 불안 요소로 간주하고 추방하거나 강제 퇴거의 구실을 찾습니다. 지금 일본에 있는 재일 동포들이 그런 고통을 받으면서 살아온 거예요.

그런데 재일 동포는 일본 사회의 이면만 보여주는 게 아닙니다. 한국 사회를 비추는 거울이기도 해요. 왜냐고요? 반성 없는 일본이야 그렇다 치고 한국 정부는 이들을 어떻게 대했습니까? 일본 정부에 제대로 항의해본 적이 있나요? 본국에 있는 사람들이 먹고사는 데 바빠서 이들을 관심 밖에 두지 않았는지 생각해볼 일입니다. 실제로 재일 동포들은 조국의 도움을 받은 적이 없다고 생각해요.

일본의 양심적 지식인들

제가 대학을 다닐 때는 재일 동포 유학생들이 꽤 있었어요.

1968년에 총련계재일조선인총연합회인 조선대학교가 일본에서 혁신계 성향의 도쿄 도지사의 인가가 나면서 한국 정부가 재일 동포 유학생을 부랴부랴 받기 시작했어요. 재일 동포 사회가 총련과 민단재일본 대한민국 거류민단으로 나뉘어 경쟁하던 시절입니다. 총련계가 북한하고 상대적으로 가깝잖아요. 남한 정부가 이걸 두고 볼 수가 없었던 겁니다. 젊은 재일 동포 학생들을 불러들여서 친한파를 양성하려고 했습니다.

그 당시에 민단계 젊은이들 중에 우리말을 하는 사람들이 거의 없었어요. 그래서 유학생들에게 1년 동안은 우리말 교육을 시키고 각 대학교로 배정을 했습니다. 제가 다니던 학과에 그런 동포 학생이 한 명 배정됐어요. 하동길이라는 사람이었는데요. 저와 굉장히 친해졌습니다.

제가 대학 생활에 대한 회의를 느끼고 있을 때 이 친구가 저에게 일본어를 한번 배워보라고 했어요. 그러면서 가까워졌지요. 그 친구와 고향이 어딘지, 부모님은 어떠신지, 이런저런 얘기를 나누었어요.

그 친구의 아버지는 도쿄에서 제법 규모가 있는 민단 조직의 간부였습니다. 자기는 초등학교 6학년 때까지 자기가 조선인인 줄 몰랐다고 해요. 뭔가 좀 이상하다는 낌새는 챘지만 거기에 대해 전혀 의식하지 못했는데 어느 날 아버지가 갑자기 한국으로 가야 한다면서 짐을 싸더래요. 왜 그러느냐고 물으니 할아버지가 돌아가셔서 가야 한다고 하셨다는 거예요. 이 친구는 엄청난 충격을 받았죠. 자기는 일본 사람이라고 생각했거든요. 학교 다니면서 조선인을 놀리고 괴롭혔던 자기가 조선인이라니 기가 막혔다고 합니다. 그래서 그 친구의 방황이 시작되었죠. 중학교 들어가면서는 깡패처럼 하고 다닙니다. 일본 놈들한테 복수나 하고 살아야겠다는 생각이었죠. 그러다가 고등학교 졸업할 무렵 마음을 고쳐먹었대요. 이러다간 폐인이 되겠다 싶어 한국에 유학을 온 겁니다.

어쨌든 이 친구에게 일본어를 배웠는데 기초를 익히고 나니까 이 친구가 교재를 하나 주는데 무노 다케지가 지은 『다이마쓰』라는 책이었습니다. 이분이 기자 출신이에요. 격동의 시대를 사신 분인데 인생철학 같은 것을 짧은 문장으로 적은 책이에요. 예를 들면 이런 식입니다.

"희망의 뿌리는 절망의 깊은 곳에 뻗어 있다. 희망을 희망한다면 절망에 절망하라. 절망이 진짜라면 희망도 진짜다."

"꿈을 가져라. 꿈을 꾸지 마라. 꿈은 소유하는 것이다. 구경하는 것이 아니다."

"게으름 피우는 것을 무언가에 저항하고 있는 것이라고 생각한다면 가장 초라한 나태다."

"배우는 것을 그만둔다면 인간이라는 것을 그만두게 된다. 산다는 것은 배우는 것, 배우는 것은 자라는 것이다."

문장이 짧잖아요. 초급자가 읽기에 적당하다고 생각해서 교재로 준 거예요. 그런데 읽다 보니까 작가가 궁금해지더라고요. 알고 보니 매우 훌륭한 분이었습니다. 1915년에 태어난 무노는 신문기자였습니다. 아사히신문에서 일하다가 일제 패망 후 사표를 던져요. 너무너무 부끄러웠던 거예요. 군국주의를 미화하는 기사를 쓰고 마치 전쟁에서 이긴 것처럼 거짓 기사를 썼잖아요. 나이 서른에 신문사를 나와서 가족과 함께 고향으로 갑니다. 거기서 완전히 새로운 삶을 살지요. 〈다이마쓰〉라는 타블로이드판 신문을 발행해요. 우리말로 '횃불'이라는 뜻입니다. 평생을 반전평화운동, 농민운동에 바칩니다. 이분이 2016년도에 돌아가셨는데요, 돌아가시기 얼마 전까지도 집회에 나가서 연설을 하고 그랬어요. 일본의 양심적 지식인으로 우리가 기억할 만합니다.

제가 또 소개하고 싶은 분은 야마베 겐타로라는 사람이에요. 1868년 메이지 유신 이후로 일본은 천황이 다스리는 나라예요. 패전 이후 절대 천황제가 상징 천황제로 바뀌긴 했지만, 여전히 일본 사회에서 강력한 영향력을 가집니다. 이분은 천황제를 반대한 보기 드문 일본 지식인이에요.

노동운동가이자 역사학자인 야마베 겐타로는 소학교밖에 안 나온 사람입니다. 어떻게 보면 괴짜이기도 한데요. 감방 안에서조차 청소를 워낙 안 하는 것으로도 유명한 사람입니다. 『일한합병소사』, 『일본 통치하의 조선』 같은 책을 썼어요. 일본의 제국주의와 우리나라 식민화에 관심이 많았지요. 사회주의 운동을 하다가 감옥에 들어갔는데 전향을 거부해서 만기가 지났는데도 풀려나지 않다가 패전 후에야 석방이 돼요. 제가 이분 회고록을 보면서 흥미로웠던 게, 보통 패전하면 그 체제에 저항했던 정치범들도 석방되잖아요. 그런데 일본은 그렇지가 않았어요. 조선 감옥에 갇혀 있던 조선인 독립 운동가들도 패망과 더불어 대부분 바로 석방되는데, 일본에 있는 정치범들은 안 그랬어요. 천황제에 저항한 야마베 같은 비전향 장기수들은 패망 이후에도 감옥 생활을 합니다.

저명한 철학자였던 미키 기요시도 그중 하나입니다. 교토 대학을 나와서 독일 철학자 마틴 하이데거로부터 배운 학자예요. 상당히 진보적이었던 모양인데 당시 일본이 폭압적인 군국주의 아래에 있었으니까 대놓고 활동은 못 했죠. 그러다 사회주의 운동을 하다가 수감된 후배가 장례 참석차 일시적으로 가석방됐다가 도피를 하는데 그 사람에게 돈과 옷을 줬다는 이유로 구속돼요. 그때가 바로 일본이 패망하던 1945년입니다. 심각한 죄를 저지른 것도 아닌데, 계속 붙들려 있다가 일본이 패전하고 나서 2주 후 옥중에서 병사합니다. 사회 운동가도 아니고 꽤 유명했던 대학교수였던 사람조차도 이런 식으로 죽습니다. 뒤집어서 말하면 나름대로 지식인 운동이 활발하던 때인데 이 사람들을 풀어주라는 석방 운동이 없었다는 뜻이에요. 1945년 10월이 되어서야 일본 정치범들이 석방되기 시작합니다. 그것도 정부가 자발적으로 한 게 아니라 일본에 와 있던 외신 기자들 때문이었어요.

2차 세계대전 기간 동안 전 세계적인 반파시즘 운동의 선두에 섰던 그룹이 있습니다. 바로 공산주의자들이에요. 나치가 망하고 선거를 하니까 프랑스나 이탈리아 같은 나라에서는 한동안 공산당이 제1당으로 떠오를 정도로 하층 계급을 기반으로 조직이 강건했지요.

일본에서도 군국주의 시대에 반전 평화를 외치고 천황제에 저항하며 조선 독립을 주장했던 이들이 공산주의자였습니다. 그래서 미군 점령 시절 일본을 찾아간 외신 기자들이 탄압을 피해 숨어 있는 공산주의자들을 찾아다닙니다. 그런데 취재를 해보니까 전쟁이 끝났는데도 여전히 감옥에 갇혀 있어요. 그래서 기자들이 점령군 장교 행세를 해가며 감옥으로 찾아가서 이들의 존재를 확인한 뒤 기사를 씁니다. 그제야 놀란 일본 정부가 움직인 거예요.

제일 많이 항의한 게 소련입니다. 형식상으로는 일본 점령군 사령부의 한 일원이었거든요. 정치범들이 이대로 갇혀 있다는 게 말이 되느냐? 그랬더니 미국이 반응해요. 점령군 사령부에서 인권 지령이라는 걸 냅니다. 이렇게 해서 일본에서 악명 높았던 내무성 특고경찰정치 사상범을 잡기 위해 설치한 경찰이 해체가 되고 정치범들이 석방됩니다. 그때 감옥에 환영 나온 인파의 상당수가 재일 조선인이었습니다. 태극기를 흔들면서 이들을 맞이하지요. 일본인들이 움직이지 않을 때 먼저 석방 운동에 나선 사람도 조선인들이었고요.

미야타 세쓰코라는 재일 원로 사학자가 있습니다. 제가 여러 차례 인터뷰도 하고 해서 가까워졌습니다. 이분이 한번은 대학 선배 이야기를 했어요. 이 사람이 와세다 대학 사학과 출신인데요, 어느 날 대학 선배인 강덕상이라는 사람이 사학과 선후배, 동료들을 모아놓고 '커밍아웃'을 하더래요. 지금까지 너희가 알던 사람은 내가 아니다. 나는 조선인이다. 이제부터는 원래의 내 이름인 강덕상으로 살겠다.

자기는 이때 정말 깜짝 놀랐대요. 그전에는 일본에 조선 사람이 산다는 것은 꿈에도 생각을 안 했었대요. 미야타 세쓰코는 이를 계기로 강덕상을 존경하게 되고 함께 조선사를 연구하게 되지요. 졸업 논문 주제를 3·1 운동으로 합니다. 그런데 논문을 쓰려고 지도 교수를 찾아갔더니 외려 3·1 운동이 뭐냐며 되묻더랍니다. 그만큼 학계의 관심이 아주 낮았고 자료가 없었던 거예요. 물어물어 조선 총독부 고위 관료들의 모임을 찾아갑니다. 거기서 관련 자료를 구해요. 본인 말로는 노숙자가 대저택에 들어간 느낌이었다고 해요. 엄청 기뻤던 거죠. 그런데 자료를 전달해준 쪽에서는 좀 다른 생각을 갖고 있었대요.

자기들이 조선에 학교도 짓고 공장도 지었다. 좋은 일을 많이 했으니 정당하게 평가받고 싶다는 기대가 있었습니다. 미야타 세쓰코는 와세다 대학의 젊은 사학도들과 공동 연구회를 구성하지요. 그들과 함께 세미나도 하고 자료 분석도 하면서 연구를 합니다. 이때가 1950년대 후반인데, 지금도 계속 자료집을 내고 있어요.

희생을 거부한 사람들

'재일 동포 그 격동의 현주소'. 제가 연재했던 기획 기사의 제목입니다. 1993년 5월부터 6월까지 열두 차례에 걸쳐 실렸어요.

첫 회 기사의 부제가 '버려진 한국인들'입니다. 당시 취재하면서 수많은 사람들을 만났어요. 한 사람 한 사람이 역사 박물관이라고 할 수 있을 정도로 사연이 많았습니다. 이분들에게 조선인은 태생적 굴레입니다. 그래서 많이들 귀화를 선택해요. 하지만 그 절차가 까다로울뿐더러 성공한다고 해도 일본 사회에 뿌리내리기가 어렵습니다. 이를 상징적으로 보여주는 게 아라이 쇼케이라는 인물의 삶입니다.

도쿄도에서 중의원으로 4선까지 한 꽤 유명한 정치인이었지요. 열여덟 살 때 가족 전체가 귀화를 했어요. 도쿄 대학교를 나와서 행정 고시에 합격한 후 대장성 관료가 됩니다. 그러다 정치인으로 변신을 하지요. 국회의원에 당선이 되는데, 도쿄 한복판에 삐라가 붙습니다. 저 사람은 조센징이다, 하는 내용이었지요. 그 와중에 정치 자금 문제로 수사를 받게 됩니다. 결국 1998년 자살로 삶을 마감하지요. 당시 일본에서 꽤 파장이 컸던 사건이에요. 아라이 쇼케이의 본명은 박경재였습니다. 당시 재일 동포에 대한 일본 사회의 시선이 어땠는지 잘 보여주는 사례입니다.

재일 동포 중에 김일융이라는 야구 선수가 있습니다. 삼성 라이온즈에서도 투수로 활약했었기 때문에 나이 드신 분들은 아마 그 이름을 기억하고 있을 텐데요. 요미우리 자이언츠의 투수로 활약했지요. 자이언츠는 일본 최고의 명문 구단입니다. 그런데 입단할 당시 구단에서 정식으로 귀화를 요청해요. 일본 사람 아니면 우리 명문 구단에 들어오지 못한다는 거죠. 그래서 가족들이 모여서 회의를 합니다. 일본에서 한국인 동포로 산다는 게 무엇인지 아는 가족들이 눈물을 흘리면서 너만이라도 귀화하라고 했답니다. 사회적 소수자로서 겪는 아픔이에요.

일본이 재일 동포를 어떻게 취급했는가를 보여주는 사건이 있습니다. 일본에 사는 재일 동포는 외국인 등록증을 상시로 휴대해야 합니다. 그리고 3년에 한 번 관공서로 가서 열손가락을 돌려가며 지문을 찍어야 해요. 14살 이상은 의무적으로 이를 지켜야 합니다. 2000년 4월 이 지문 날인 제도가 폐지될 때까지 그랬어요. 그러기까지 재일 동포 한종석 씨의 오랜 싸움이 있었습니다. 이분이 재일 동포를 범죄자 취급하는 굴욕적인 강제 지문 날인을 거부합니다. 처음엔 한 사람이었지만 5년 후인 1985년 무려 1만 명이 여기에 동참합니다. 우리 정부도 항의에 나서고 세계적으로도 이목을 끌지요. 결국 일본 정부는 이 제도를 폐지합니다.

법조계는 일본 사회에서도 가장 보수적인 집단입니다. 여기에도 재일 동포의 투쟁은 빛을 발합니다. 재일 동포 출신 1호 변호사 김경득 씨가 주인공입니다. 이분은 와세다 대학 법학과 출신입니다. 당연히 법조인이 꿈이었겠지요. 하지만 대다수 재일 동포는 법조인의 꿈을 꾸지 못합니다. 고시에 붙어도 임용이 되려면 사법연수원을 나와야 하는데 당시 사법연수원은 국적 조항이 있어서 일본 사람 아니면 받아주지를 않았으니까요. 들어가려면 귀화를 해야 해요.

김경득은 정면 돌파를 결심합니다. 막노동을 하면서 공부해 1976년 사법 시험에 합격합니다. 그 후 사법연수원의 국적 조항의 부당함을 알리는 청원서를 무려 여섯 차례에 걸쳐 올려요. 차별을 피하고자 자신의 정체성을 속이고 일본인으로 가장하는 것은 큰 고통이라는 내용이었지요. 이런 사실이 언론에 알려지고 비판이 잇따릅니다. 결국 최고재판소[대법원]에서 규정을 바꿔요. 그래서 지금은 한국 국적이든, 조선적이든 상관없이 변호사 생활을 하는 사람이 수백 명이 넘습니다. 이분 아들도 변호사예요. 아버지 영향을 받았는지 동북아를 무대로 소수자 인권을 위한 싸움을 하고 있어요.

이처럼 많은 분들이 재일 동포에 대한 차별과 싸웠습니다. 안타까운 것은 이런 일이 일본 내에서만 일어나지 않았다는 사실입니다. 군사독재 시절 공안 당국은 간첩 사건을 조작해 한국의 국내 정치에 이용했습니다. 이때 재일 동포 정치범들이 희생당해요.

소위 '재일 동포 유학생 간첩단 사건'입니다. 가장 규모가 컸던 것이 중앙정보부가 1975년 11월 22일 여러 대학의 유학생들을 한데 묶어 발표한 사건입니다. 당시 국내에서는 공개적으로 이의를 제기하는 사람들이 없으니 사건 이름도 없이 그냥 지나갔고 일본에서는 오랜 기간 '11·22'사건으로 불렀습니다. 인민 혁명당 사건과 함께 박정희 정권이 조작한 대표적인 공안 사건으로 불립니다. 이른바 '인혁당 재건위 사건' 아시죠? 중앙정보부에서 사건을 조작해서 형이 확정된 후 18시간 만에 사형이 집행된 '사법 살인' 사건입니다. 1975년 4월 8일 대법원에서 사형이 확정되고 4월 9일 새벽에 일제히 처형하거든요.

1970~80년대 암울했던 군사 정권 시절 재일 동포는 어떤 형태로든 총련계 동포와 접촉이나 내왕이 있을 수 있다는 점 때문에 조작된 간첩 사건의 주요 타깃이 됩니다. 그러나 여기에 대한 저항도 만만치 않았어요. 재일 동포들은 일본 시민들과 함께 석

방 운동을 펼쳤습니다.

1961년 군사 쿠데타로 정권을 장악한 박정희 군부가 민족일보 조용수 사장에 사형 선고를 내리자 구원 운동을 벌여요. 이때 『설국』으로 유명한 노벨 문학상 수상 작가 가와바타 야스나리 등 일본 지식인들도 대거 참여를 했습니다.

1970년대에는 1971년에 있었던 소위 '유학생 형제 간첩단 사건'으로 구속된 서승·서준식 형제 석방 운동이 대표적이고요. 이런 노력에 힘입어 1970년대 중반 이후 재일 동포 정치범 사형수는 한 명도 형 집행이 되지 않고 풀려납니다.

재일 동포, 아픈 역사의 기억

일본에는 조선인 학교가 많이 있습니다. 간혹 우리나라에서 조선인 학교를 지원하자는 운동이 벌어지지요. 그러면 모르는 사람들은 북한을 지지하는 학교에 왜 신경 쓰냐며 항의하는 사람들도 있습니다. 그런데 그건 실정을 잘 몰라서 하는 이야기예요.

일본이 패망하고 나자 재일 동포는 민족 교육에 대한 열망이 커집니다. 젊은이들을 중심으로 일본 도처에 우리말을 쓰는 학교를 세우자는 움직임이 일어납니다. 당시 2세들이 우리말을 배울 기회가 없었으니까요. 허름한 창고, 초가집 등을 빌려서 학교를 열어요. 이때만 해도 좌파들이 많이 활동했던 터라 당시 점령군인 미군에서는 탐탁지 않아 합니다. 일본에 살려면 일본말을 배워야지 왜 조선말을 배우나? 이런 인식이 대부분이었어요. 옆에서 일본인들이 부추긴 효과도 있었겠지요. 결국 1948년 1월 24일 재일 동포는 일본 학교에 의무적으로 취학하도록 하는 명령을 내리고 다음해 10월 19일에는 조선 학교 폐쇄령이 나옵니다.

일본 경찰이 어린 학생들을 학교에서 끌어내지요. 저항 끝에 살아남은 학교는 대부분이 총련계 인사들이 주도적으로 이끌어 갑니다. 왜냐하면 당시 민단계에서는 교육에 관심이 없었거든요. 일본에 있는 민족 학교 200여 개 중 민단계는 몇 개 안 돼요. 그나마 운영도 부실합니다. 교토에 있는 민단계 민족 학교의 경우 동포들이 안 오니까 국제 학교로 바뀌었어요. 도쿄에 있는 민단계 민족 학교는 일본 주재원의 자녀들이 다니는 학교가 되어 버렸습니다. 실제로 동포 교육하고는 아무 상관이 없어요.

그럼에도 일본에서 한국인으로서의 정체성을 지키며 살려는 동포들의 노력은 눈물겨울 정도입니다. 재일 동포에 대한 일본 정부의 태도는 한마디로 "말을 잘 들으면 국적을 주겠다"입니다. 일본인이 되기를 원한다면 선택적으로 허용하겠다는 것이지요. 그나마 변화가 생긴 게 1981년입니다. 이때 국제 난민 조약에 일본 정부가 가입하고 비준하면서 동포들의 삶이 개선되기 시작해요. 그런데 왜 그토록 꿈쩍도 안 하던 일본 정부가 움직인 걸까요?

1970년대 중반 베트남 전쟁 난민들이 세계 곳곳으로 탈출을 시도합니다. 배를 타고 떠돌다가 죽음을 맞거나 하는 경우가 많이 생기지요. '보트 피플'이라고 해서 선상 난민들의 비극이 큰 국제적인 문제가 됩니다.

당시 '선진국'들이 돌아가면서 이들을 분담하는데 일본만 안 해요. 자기들을 천황 직계 단일민족으로 믿고 있다 보니 이민족에 대한 거부감이 있는 겁니다. 그러자 세계적인 비난이 쏟아집니다. 그래서 울며 겨자 먹기로 난민 조약에 가입해요. 국제법이라 비준에 동의하는 순간 국내법과 같은 효력을 갖습니다. 자국법과 충돌할 수도 있기 때문에 법 개정 작업도 해야 하고요. 예컨대 국민연금이나 아동 수당과 관련한 법도 바꿔야 해요. 그전까지는 일본 사람 아니면 못 받았거든요. 이 법의 혜택을 재일 동포들이 받습니다.

일본이 잘사는 나라인 건 맞는데 인권 감수성은 높은 편이 아니에요. '선진국'이라고 볼 수가 없습니다. 유엔 가입이 1956년이니까 우리보다 35년이나 앞섰지요. 그런데 국제 인권 규약에 가입한 건 1989년이에요. 우리는 1990년입니다. 2018년 기준으로 여성 의원 비율은 우리보다 낮고요. 13.7퍼센트로 세계 140위 수준입니다. 심지어 세계 인권의 지표랄 수 있는 사형 제도가 여전히 유지되고 있습니다. 1998년 이후 2018년까지 102명이나 집행했어요. 여론조사를 해보면 폐지하자는 의견이 고작 7퍼센트입니다2018년 8월. 우리나라는 1997년 이후 사형 집행이 없어 실질적인 사형제 폐지국으로 간주되고 있습니다. 2018년 같은 시기 여론조사에 의하면 한국의 사형제 폐지 의견은 22퍼센트입니다.

그렇다고 일본이란 나라에 희망이 안 보이는 건 아니에요. 인권 감수성이 형편없고 극우화되어 가고 있지만 여기에 맞서는 사람들이 많이 있습니다.

과거 재일 동포 인권 보호에 관심을 두었던 단체들이 요즘은 동아시아 공생을 말합니다. 시야를 계속 넓혀 가고 있어요. 예를 들어 '고베 청년학생센터'라고 50~60년 이상 재일 동포 인권운동을 해온 단체가 있는데 요즘은 이주 노동자 보호 운동을 합니다.

'카자KAJA'라는 모임이 1990년대부터 활동해 오고 있는데 이 분들은 한국에 대해 관심이 매우 커요. 드라마, 영화 같은 영상 매체를 통해 한국 현대사회를 공부합니다. 이분들이 만날 때마다 제게 이 드라마 보았느냐 저 영화 보았느냐 하는데 당혹스러울 때가 많습니다. 제가 사실 드라마를 잘 안 보거든요. (웃음) 가끔 한국에 방문도 해요. 한겨레신문사에도 와서 둘러보기도 하고 조봉암 선생 묘소에도 갑니다. 광주항쟁 현장이나 봉하마을도 가고 그래요. 우리 현대사를 체험하고 싶어 합니다.

과거 침략의 역사를 반성하고 진상을 밝히려는 움직임도 여전히 활발하고요. 제가 만난 분 중 우쓰미 아이코라는 사람이 있습니다. 이분은 40~50년간 조선인 BC급 전범 돕기 운동을 해오고 있어요. A급 전범 이야기는 들어봤어도 BC급 이야기는 처음이죠? 게다가 조선인이 웬 전범이냐고 생각하시는 분도 있을 겁니다. BC급 전범이란 전후 연합국이 판단한 전쟁범죄 중 B급 '통상적인 전쟁범죄' C급 '반인륜 범죄'에 해당하는 사람들입니다.

2차 세계대전 초기 일본이 승승장구할 때 연합군 포로가 발생합니다. 이를 감시할 인력이 필요했어요. 말단 군속으로 포로 감시원을 뽑는데 여기에 조선인이 지원합니다. 이들은 일본 패전 후에 포로 학대범으로 기소돼요. 조선인 148명이 전범으로 몰려서 처형당하거나 구치소에 수감돼요. 이 중 군인은 겨우 세 명, 129명이 포로 감시원이었습니다.

우쓰미 아이코가 이 일을 하게 된 데는 사연이 있어요. 1970년대 중반에 인도네시아로 유학을 간 남편을 따라 함께 갑니다. 어느 날 현지에서 일본인 전쟁 영웅 추모 행사가 열립니다. 인도네시아가 예전에 네덜란드 식민지였잖아요. 전쟁이 끝나고 네덜란드가 다시 밀고 들어왔을 때 본국으로 가지 않고 남아 있던 일본군 일부가 인도네시아 독립 운동가와 함께 싸워요. 그때 전사한 일본군 세 명을 국립묘지에 안장하는 행사를 한 거예요. 가족들도 초청하고 유골도 본국으로 인도하고 그래요. 그런데 야나가와 시치세이라는 전사자 가족이 한 명도 참석을 안 해요. 일본인치고는 희한한 이름이어서 일본 대사관 직원에게 묻습니다. 그랬더니 그 전사자는 조선인이라고 대답해요. 따로 연락도 안 한 듯 얼버무리더랍니다. 그 전사자의 한국 이름은 양칠성이었습니다. 우쓰미 아이코가 1978년 한국을 찾아요. 물어물어 양칠성의 고향인 전라북도 완주군 삼례까지 가서 가족들에게 전합니다.

"당신 아들이 인도네시아에서 전쟁 영웅이 되어 묻혔다." 그런데 정작 가족들은 아무 사실도 몰라요. 한국 정부도 모르는 사실을 알 리 없겠죠. 이분이 너무 안타까운 거예요. 그 후 계속해서 한국인 전범의 명예 회복을 위한 노력을 계속하고 있습니다.

우리도 한국인 전범 문제에 손발 놓고 있다가 노무현 정부 때 뒤늦게 '강제동원피해 진상규명위원회'가 구성되고 자료를 수집하기 시작했어요. 저도 언론인으로서 BC급 전범에서 처형된 사람들의 후손들을 만나 보았고요. 만나서 이야기해 보면 마음의 상처가 깊어요. 강요된 불명예를 안고 살아가야 하잖아요. 아버지가 일제강점기 때 끌려가서 일본군 전범으로 처형됐다는 이야기를 누구한테 합니까? 그러니까 평생 한을 품고 사는 사람들인데 아무도 이들을 위로해주는 사람이 없어요. 우리가 이런 문제들에 대해 진지하게 성찰해야 한다는 말씀을 드리고 싶어요. 끝으로 우리 안에 차별에 대해 말씀을 드리며 강의를 맺고자 합니다. 제가 2012년 1월 한겨레신문사를 퇴직하면서 마지막으로 쓴 칼럼이 있어요. 제목이 '무지하면 용감하다'입니다.

1980년대 중반 미국에 머물 때 한 기자가 미국의 인종차별 문제에 대해 한탄하면서 제게 한국 상황은 어떠냐고 묻습니다. 그래서 제가 자신 있게 대답했죠. 우리는 인종차별 사회가 아니라고요. 그러자 그 사람은 너희들이 아직 외국인과 어울려 살아보지 않았으니까 그런 말을 하는데 때가 되면 한국인들이 얼마나 인종차별주의자인지 자연스레 알게 될 거라고 반박을 해요. 당시는 기분이 나빴지만 시간이 흐르고 이주 노동자 문제나 난민 문제에 대한 한국인의 평균적 반응을 접하게 되면 그때의 저의 만용이 자꾸 떠올라요.

어쩌면 우리는 우리만의 시각으로 우리를 판단하고 있는지 모릅니다. 제가 오랜 시간 여러분과 함께 일본과 일본의 동포 사회에 대해 말씀드린 것도 바로 그런 이유입니다.

우리가 인권을 이야기할 때 적어도 객관적으로 우리를 바라볼 수 있어야 하지 않을까요? 일제강점기를 거치며 아픈 역사를 많이 겪었지만 대부분 과거의 일이라고 생각합니다. 그러나 재일동포 문제는 현재진행형입니다. 우리가 좀 더 관심을 가지고 지켜보았으면 한다는 말씀을 드리며 강의를 맺고자 합니다. 고맙습니다.

질의응답

청중 일본에서 차별이나 혐오 문화가 어느 정도인지요?

김효순 혐한 시위가 국내 언론에 많이 소개되고 있지요. 하지만 또 그만큼 많은 사람들이 반혐한 시위를 하는 것은 고무적인 현상입니다. 일본의 아베 총리 외할아버지가 기시 노부스케라는 사람인데요. 1941년 12월에 진주만 기습 당시 군수 산업을 관장하는 상공성 장관이었습니다, 지금도 아베는 이 사람을 제일 존경하는 인물로 꼽습니다. 패전 후 A급 전범 혐의로 수감되었다가 냉전이 심화되자, 미국에서 이 사람을 풀어줘요. 아시아에서 일본을 반공의 방파제로 삼기 위해 우파 정치인을 키우려는 의도였지요. 제가 이 말씀을 드리는 이유는 그만큼 일본 사회 우익의 뿌리가 깊다는 거예요. 그러다 보니 진보적인 정책들이 실현되지 못합니다. 그래서 혐오나 차별을 막고자 하는 법적 제도적 장치는 부실해요. 다만, 보수적인 상층부에 비해 일반 시민들의 움직임은 상대적으로 활발합니다. 양심적인 시민운동가들이 극우파의 집회를 저지하기 위해 애쓰는 모습을 자주 볼 수 있어요.

재일 동포들이 많이 거주하는 오사카 지역에서는 일본인 활동가들이 딱 대기하고 있다가 극우 집회가 시작될 거 같다고 하면 바로 연락을 취해서 더 많은 사람들을 동원합니다. 그래서 일본 사회가 나름대로 건강성을 유지하고 있다고 생각해요. 다만 젊은 세대들이 갈수록 우경화되고 있어 그 부분은 조금 걱정이에요.

4강. 팔레스타인 현대사: 무엇이 문제인가

홍미정 | 단국대학교 중동학과 교수

홍미정(단국대학교 중동학과 교수)

경희대학교 사학과에서 박사 학위를 받고 현재 단국대학교 중동학과 교수로 중동사와 이슬람 문명사를 강의하고 있다. 팔레스타인과 중동에 관한 논문을 여러 편 썼으며 저서로 『팔레스타인 땅, 이스라엘 정착촌』, 『21세기 중동 바르게 읽기』, 『울지 마, 팔레스타인』, 『팔레스타인 현대사』, 『아랍인의 역사』(역서) 등이 있다.

4강
팔레스타인 현대사: 무엇이 문제인가

반갑습니다. 저는 역사를 강의하는 홍미정입니다. 이스라엘-팔레스타인 분쟁 문제를 20여 년 연구해 왔습니다. 오늘도 여러분과 이 문제에 대해 이야기를 나눠볼 텐데요. 이스라엘-팔레스타인 분쟁은 입장에 따라서 다양한 해석이 있을 수 있습니다. 제 시각도 그중 하나로 이해하시면 될 것 같고요. 여러분이 이해하는 것과 차이가 있을 수도 있다는 점을 미리 말씀드립니다. 본론에 들어가기 전에 팔레스타인 지역 주변국 상황이 어떤지 한번 보겠습니다.

먼저 이스라엘 총리가 네타냐후이고요. 아랍에미리트는 아부다비 왕세제가 실권을 장악하고 있습니다. 사우디아라비아는 무함마드 빈 살만 왕세자가 권력을 장악하고 있습니다. 30대의 젊은 나이로 주변의 반대파를 견제하기 위해 이스라엘과 미국에 많이 의지하는 편입니다. 그리고 이집트는 엘시시 대통령이 집권 중입니다. 쿠데타로 2014년 그 자리에 올랐습니다. 이 사람

역시 사우디아라비아, 이스라엘, 미국과 협력하고 있습니다. 팔레스타인을 둘러싼 중동 주변국의 상황이 이렇습니다.

시온주의 신화의 뿌리

우리가 이스라엘-팔레스타인 문제를 볼 때 고려해야 할 것이 크게 세 가지가 있습니다. 첫 번째는 국제정치 질서예요. 열강들의 정책을 우선 봐야 해요. 즉, 이스라엘-팔레스타인 문제를 이해하려면 미국의 중동 정책을 알아야 합니다. 두 번째는 주변 강국들, 사우디아라비아나 요르단, 아랍에미리트나 카타르, 터키 같은 나라들의 관계를 봐야 합니다. 예를 들어 카타르와 사우디는 지금 적대적인 관계예요. 그래서 각각 자기들 입장에 맞는 팔레스타인 정치 세력을 지원해요. 크게는 이스라엘, 미국의 통제를 받지만 세부적으로는 서로 이해관계가 다릅니다. 마지막 세 번째는 이스라엘과 팔레스타인 당사자입니다. 그들의 정치적 상황에 따라 양상이 달라집니다. 크게 이들 세 가지 차원의 변수가 이스라엘-팔레스타인 문제에 영향을 끼칩니다. 중동의 다른 문제도 마찬가지예요. 현재 시리아나 리비아나 예멘에서 일어나는 분쟁들도 이 세 가지 차원에서 들여다보아야 합니다. 복잡하죠.

예를 들어 미국의 정책을 보면요, 지금 중동으로 들어오는 무기의 80퍼센트 이상이 미국에서 와요. 이 무기로 카타르하고 사우디아라비아가 역내에서 편을 갈라 싸우고 있고요. 미국은 자국 무기를 카타르, 사우디아라비아, 이스라엘에 팔아요. 자국에 이익이 되면 뭐든 한다는 게 미국의 입장인 거예요. 이스라엘은 사우디아라비아, 카타르와 좋은 관계를 유지하고 있습니다. 그런데 정작 사우디아라비아와 카타르는 앙숙이죠. 두 나라가 관계가 안 좋을수록 이스라엘과 미국은 행복해요. 그래야 더 많은 무기를 팔 수 있고 중동 국가들 사이에서 반목과 분열 상태를 유지할 수 있거든요. 이것은 미국의 전통적인 중동 분할통치 전략에서 비롯된 것이죠.

지금 서안에는 국제적으로 승인받은 팔레스타인 자치 정부가 있지만 가자 지역에서는 이스라엘과 미국이 테러리스트 조직으로 규정한 하마스가 별도로 활동합니다. 주변국에서 이해관계에 따라 이들을 지원해요. 사우디아라비아, 아랍에미리트, 이집트, 요르단 정부들은 팔레스타인 자치 정부와 긴밀한 관계를 유지하고, 카타르와 터키 정부들은 하마스와 비교적 우호적인 관계를 유지합니다. 자치 정부와 하마스가 힘을 합쳐 통합 정부를 구성할 수 없는 데는 이런 이유도 있습니다. 일반 상식으로는 힘을 모아서 이스라엘에 저항하는 게 당연할 텐데 속사정을 보면 그럴 수가 없어요. 통합이 안 됩니다.

그래서 이스라엘-팔레스타인 문제를 제대로 이해하려면 이런 상황들을 총체적으로 고려해야 합니다. 이스라엘-팔레스타인 문제의 연원을 파고들기 위해 우선 영국의 정책부터 살피고 그 다음으로 미국 이야기를 하겠습니다. 오늘날 분쟁의 씨앗을 뿌리고 틀을 만든 것은 영국이거든요. 이 틀을 운영하는 게 지금의 미국이고요. 미국의 정책을 이해하려면 과거 영국을 살펴봐야 해요.

지금 우리가 알고 있는 이스라엘 민족 신화는 유대인이 만든 게 아닙니다. 영국의 한 정치가에서 시작해요. 영국 기독교 신자이며 국회의원이던 샤프츠베리 경이 바로 그 주인공입니다. 이 사람이 1853년 7월 영국 외무장관인 조지 해밀턴 고든과 파머스톤 경에게 보내는 서신에 이런 표현을 씁니다. "a country without a nation, a nation without a country" 우리말로 하면 민족 없는 땅, 땅 없는 민족쯤 되겠네요. 민족 없는 땅인 팔레스타인을 땅 없는 민족인 유대인이 차지하는 게 마땅하다는 이야기를 하는 거예요.

"이 땅은 다른 사람들에게 할당되어야만 한다. 민족 없는 땅이 있고, 신은 지혜와 자비로 땅 없는 민족에게 관심을 갖도록 우리에게 명령하셨다." 샤프츠베리 경이 일기에 쓴 내용입니다. 여기서 말하는 '민족 없는 땅'은 팔레스타인이구요. '땅 없는 민족'은 유대인을 말합니다. 그런데 이는 사실과 부합하지 않아요.

예나 지금이나 팔레스타인은 중동에서 비교적 인구 밀도가 높은 지역입니다. 주변에 비해 땅이 비옥하고 지중해를 끼고 있어서 사람이 살기 좋아요. 당연히 많은 사람들이 살고 있었습니다. 영국 정치인의 눈에는 이들이 '민족'으로 보이지 않은 겁니다. 땅이 없었다는 유대인은 어떤가요? 이미 여러 나라에서 잘살고 있었어요. 19세기 당시 유대인들은 예멘이나 모로코나 러시아나 폴란드 등 각국의 국적자들이었습니다.

그럼에도 '땅 없는 민족'을 위해 팔레스타인을 넘겨주겠다는 발상을 한 배경에는 영국의 중동 지배라는 정치적 의도가 있습니다. 어쨌든 영국의 정치가에서 시작된 이 아이디어는 후에 시온주의로 발전합니다.

시온주의는 이스라엘 국가 건설 이념입니다. 여러분 '시온'Zion이 뭐죠? 예루살렘에 있는 작은 산을 가리키는 지명입니다. 유대인들에게는 성스러운 땅 즉, 성지로 통하고요. 시온주의란 시온 산이 위치한 예루살렘을 포함한 주변 지역에 유대 민족국가를 건설하는 운동입니다. 이 논리에 의해 소위 솔로몬과 다윗 왕의 후예들이라고 주장하는 시온주의자들이 팔레스타인 땅을 차지해서 이스라엘을 건설했습니다. 이들은 알 아크사 모스크 복합 단지가 기원전 10세기경에 건설되었던 솔로몬과 다윗 왕의 성전 터였다고 주장하면서, 알 아크사 모스크 복합 단지를 유대교 시너고그synagogue, 유대교 회당로 대체하기를 원합니다. 그래서 시온주의의 핵심은 예루살렘인데, 그중에서도 알 아크사 모스크가 건설된 지역이 핵심이에요. 알 아크사 모스크는 8세기 초에 세워진 이슬람 성지 중 하나입니다. 이스라엘은 알 아크사 모스크의 서쪽 벽이 BC 10세기에 건설된 다윗과 솔로몬의 성전 터였다는 것을 증명한다고 주장해요. 유대인들은 19세기 이전까지는 그냥 '서쪽 벽'이라고 했다가 영국이 이 지역에 본격적으로 진출하는 1차 세계대전 시기부터 '통곡의 벽'이라고 부르기 시작합니다. 당시 유대인들이 이 벽 근처에 모여서 울면서 기도하는 것을 본 유럽인들이 붙인 이름이라네요.

비극의 씨앗-영국의 중동 통치 전략

시온주의자들에게 예루살렘이 굉장히 중요한 지역이라는 말씀을 드렸는데요, 20세기 초 시온주의자들의 목표는 요르단 강을 중심으로 해서 요르단 일부를 포함하는 땅에 자기 나라를 세우는 것이었어요. 그런데 요르단 입장에서는 얼마나 겁이 나겠어요. 시온주의자들이 눈독을 들이는 땅을 빼면 나머지는 거의 황무지, 사막이거든요.

그런 상황에서 1차 세계대전이 끝나고 중동 지역에 대한 영국의 통치가 시작됩니다. 요르단이나 이라크는 메카와 메디나 지역을 통치하던 하심 가문인 샤리프 후세인의 두 아들을 왕요르단-

압둘라, 이라크-파이잘으로 세우고 영국이 간접 통치했지만 팔레스타인 지역은 영국이 직접 통치를 했어요. 그만큼 중요하게 본 거예요. 그럼에도 영국은 연구 조사 결과 예루살렘 '서쪽 벽'에 대해서는 시온주의자들의 주장이 아무런 증거가 없다고 발표합니다. 그러나 영국 당국자들은 유대인들이 기도하는 동안에 서쪽 벽에 대한 무슬림들의 접근을 제한했어요. 영국은 유대인들에게 예배 장치들을 설치하고, 사실상 이 벽을 '유대 구역'으로 전환시키도록 허용합니다. 이중적인 정책을 편 거예요. 그러자 팔레스타인 무슬림들이 예루살렘 성지를 위협하는 유대인들에게 두려움을 느낍니다. 영국 정부가 일부러 시온주의를 키웠다고 할 수 있어요. 결국 이러한 영국의 정책으로 힘을 얻은 시온주의자들은 1948년 5월 14일 이스라엘 국가를 건설하게 됩니다. 곧 이어 발발한 전쟁에서 이스라엘은 서예루살렘을 포함한 영국의 위임통치 팔레스타인 지역의 78퍼센트를 차지하게 됩니다. 국제사회는 이 78퍼센트를 합법적인 이스라엘 국가 영역으로 인정합니다.

그런데 이스라엘은 1967년 6월 전쟁으로 영국의 위임통치 팔레스타인 지역의 나머지 22퍼센트, 즉 1948년 5월 15일 발발한 전쟁으로 요르단 통치하에 있던 알 아크사 모스크 복합 단지를 포함하는 동예루살렘과 서안, 같은 전쟁으로 이집트 통치하에 있던 가자 지역을 점령하게 됩니다. 현재 팔레스타인인들은 이 22퍼센트, 즉 동예루살렘을 수도로 서안과 가자 지역에서 국가 건설을 원합니다.

그러나 2018년 7월, 이스라엘은 팔레스타인인들의 이 22퍼센트 요구를 완전히 거부하는 유대 민족 국가법을 제정합니다. 여기에 세 가지 기본 원칙이 등장하는데 다음과 같아요.

첫째, 이스라엘 땅은 이스라엘 국가가 건설된 유대인들의 역사적 고향이다. 둘째, 이스라엘 국가는 유대인들의 천부적, 문화적, 종교적, 역사적 자결권을 실행한다. 셋째, 이스라엘 국가 내에서 민족적 자결권을 행사할 권리는 유대인들에게만 있다.

마지막 원칙이 중요합니다. 팔레스타인에서 아랍인을 완전히 제외하겠다는 거예요. 사실 이스라엘 시민권을 가진 사람들이 전부 유대인은 아닙니다. 아랍인이 20퍼센트 정도 돼요. 이들 중에는 이스라엘 국가 건설 과정에 협력한 아랍인 드루즈들이나 일부 베두인들도 있습니다. 이 협력자들은 시온주의 유대인들과 협력하여, 팔레스타인 아랍인들에게 총을 쏘고 이스라엘 국가 건설에 공을 세웁니다. 현재 이들은 이스라엘 시민권을 갖고 군대 고위직에도 있는데, 유대 민족 국가법은 사실상 이런 사람들의 시민으로서의 권리를 박탈하는 것입니다. 그래서 항의 시위도 하고 그랬어요. 우리 언론에는 이런 이야기가 거의 안 나옵니다.

어쨌든 이러한 원칙을 천명하면서 유대 민족 국가법은 통합된 예루살렘을 이스라엘 수도라고 선언합니다. 현재도 예루살렘은 동예루살렘과 서예루살렘으로 나누어져 있어요. 그런데 앞서 말씀드린 알 아크사 모스크를 비롯해서 대부분의 성지가 동예루살렘에 있습니다. 그런데 동예루살렘은 요르단이 관리해요. 그래서 성지 관리인들 월급도 요르단에서 지급하고요. 그런데 이스라엘이 이걸 자기들 땅이라고 선언한 거예요. 이전에 히브리어와 아랍어 두 개이던 공식 언어도 히브리어로 통일합니다.

또한 다른 나라에 사는 유대인의 이민을 계속 받아들이고 유대 정착촌을 확장하고 강화하겠다고 말합니다. '정착촌'이란 팔레스타인 땅에 사는 유대인들 마을이에요. 사실상 '점령촌'이라는 표현이 맞습니다. 이런 내용을 담은 유대 민족 국가법을 발표하면서 노골적으로 팔레스타인 점령을 강화해요. 이런 게 바로 시온주의 핵심입니다.

이스라엘의 네타냐후 총리 같은 사람이 대표적인 시온주의자이지만 여기에 동조하는 사우디아라비아 왕세자나 이집트 대통령 같은 사람들도 시온주의자예요. 영국이나 미국에서도 기독교인 시온주의자가 있겠고요. 그래서 시온주의가 특정 민족 즉, 유대인만의 사상이 아니라는 점을 말씀드립니다. 종교의 경계를 넘어 상호 협력하는 무슬림 시온주의자, 기독교 시온주의자, 유대인 시온주의자들이 있는 것이죠.

반면 유대인 중에는 반시온주의자들도 있습니다. 이들은 시온주의자는 유대인이 아니라고 주장하면서, 오히려 시온주의와 유대교는 상반된다고 봅니다. 이들은 유대인을 정의할 때 하나님에 대한 믿음을 기준으로 합니다. 종교적 신념이 우선이라는 거예요. 그런데 이스라엘 법은 혈통으로 유대인을 정의합니다. 처음에는 어머니가 유대인이면 유대인이다, 이랬다가 문제가 많아지니까 부모 중 한 사람이 유대인이면 유대인으로 봐요. 그래서 세계 도처에 있던 사람들이 이스라엘로 오면서 가족의 성을 유대식으로 개명하기도 했습니다.

그래서 믿음을 중시하는 일부 정통 유대인들은 시온주의에 반대합니다. 이 유대인들은 이스라엘과 시온주의을 거부한다며 시위를 해요. 이스라엘에서 이 사람들은 테러리스트 취급을 받습니다. 이스라엘 국기를 불태우고, 팔레스타인 국기를 들고 과격한 시위를 벌이거든요. 팔레스타인 사람들도 그렇게는 못 해요. 이들은 소규모이긴 하지만 뉴욕, 런던, 몬트리올에서도 활동하는 국제적인 조직이에요.

그렇다면 유대인이라는 민족은 어떻게 만들어졌을까요? 정말 시온주의자들이 말하는 대로 단 하나의 선택받은 민족일까요?

역사적으로 현대 유대인들은 개종을 통해 형성됩니다. 기록을 보면 서기 380년경 아라비아반도 남부현재 예멘 지역에서 힘야르 족이 유대교로 개종합니다. 왕이 개종하면서 그렇게 됐어요. 유대교가 확산되면서 지금 사우디아라비아 리야드 지역과 메카가 있는 히자즈 지역에도 개종자 유대인들이 생깁니다. 즉, 이슬람제국이 위세를 떨치기 전에 유대교도들 즉 개종한 유대인들이 이 지역에 살고 있었다는 이야기입니다. 더 놀라운 사실은 오늘날 전 세계 유대인들의 80퍼센트 이상이 카자르인의 후예라는 겁니다. 바로 740년경 흑해와 카스피해 연안에 있던 카자르 제국이 유대교로 개종하면서 유대인이 된 사람들이에요.

무슬림도 비슷합니다. 유대인이었다가 이슬람으로 개종한 사람들이 많아요. 오늘날 무슬림들의 조상을 보면 다수가 유대인이고, 기독교인이고 그래요. 세 종교의 경전으로 볼 때도 이슬람과 유대교, 기독교의 뿌리는 같습니다.

그래서 20세기에 이집트를 대표하는 지식인 중 한 명인 타하 후세인Taha Hussein, 1889-1973년은 1938년에 발표한 논문 「이집트의 문화와 미래」The Future of Culture in Egypt에서 이슬람의 근본과 근원이 기독교와 동일하며, 지중해 주변에서 성공하거나 지중해의 영향을 받은 사람들은 어떤 지적·문화적 차이점도 갖고 있지 않다고 주장합니다.

따라서 유대인이 원래부터 하나의 혈통을 갖는 민족이었던 것처럼 포장하는 시온주의가 허구라는 거예요. 역사적으로 볼 때 시온주의는 하나의 신화입니다. 그럼에도 이스라엘 극우파들은 자기들이 독점권을 가진 유대 후손이라고 주장하면서 팔레스타인 땅의 소유권을 주장합니다. 현재 유대인의 80퍼센트 이상이 유대교로 개종한 카자르인의 후예라는 사실을 무시하는 거죠. 그래서 우리가 이스라엘-팔레스타인 분쟁을 유대교와 이슬람의 종교적 싸움으로 보면 안 돼요. 시온주의자들 중에는 유대인들뿐만 아니라 무슬림들도 있고 기독교인들도 있기 때문입니다.

현재 이스라엘을 움직이는 것은 허구적 신화에 기반한 시온주의입니다. 문제는 이러한 잘못된 믿음이 국제적 분쟁의 원인을 제공하고 있다는 겁니다.

시온주의와 아랍 민족주의의 결탁

그럼 이스라엘-팔레스타인 분쟁이 어떻게 진행되어 왔는지 한번 살펴보겠습니다. 팔레스타인 지역은 오른쪽에 사해가 있고 왼쪽으로 지중해가 있습니다. 아직 이스라엘이 건국되기 전인 20세기 초부터 유대인 시온주의자들이 이 지역 땅을 사들이기 시작합니다. 북서쪽을 중심으로 유대인들 주거 지역이 생겨나지요. 1946년 기준으로 유대인 소유의 땅은 팔레스타인 전체 영토의 6.6퍼센트를 차지합니다.

그런데 1947년 11월 29일 유엔에서 땅을 분할할 때 '유대 국가'Jewish state에 56.47퍼센트, 아랍 국가에 42.88퍼센트로 나눠요. 예루살렘과 베들레헴은 국제지구로 둡니다. 국제지구는 제3국 시민권자가 통치합니다. 영국이나 미국이 개입할 여지를 둔 거죠.

팔레스타인 사람들로서는 도저히 받아들일 수 없는 안이었습니다. 그 와중에 1948년 5월 14일 유대기구 의장인 벤구리온이 이스라엘 국가를 선포해요. 이를 계기로 1차 중동전쟁이 벌어집니다. 그 결과 팔레스타인 전체 영토의 78퍼센트를 이스라엘이 점령합니다. 동예루살렘을 포함한 서안은 요르단이 차지하고, 지중해 쪽 가자 지구는 이집트가 차지해요. 1967년이 6월 전쟁 결과 가자 지구 및 동예루살렘을 포함한 서안 모두 이스라엘이 점령하게 됩니다.

애초에 유엔 결의안이 분하고 억울했지만 팔레스타인도 국가 선언을 해요. 그런데 미국이나 소련이 인정을 안 해줍니다. 이스라엘 선포 때 미국은 8시간 만에, 소련이 3일 만에 인정했던 것과 매우 차이가 납니다. 사람들은 냉전 시기 미국과 소련이 매우 적대적이었다고 생각하지만 팔레스타인 문제에 대해서만큼은 협력 관계였어요. 이스라엘도 그렇고 사우디아라비아 정책도 그렇고 소련이 반대하지 않아요. 자, 그래서 현재 이스라엘 영토는 공식적으로 팔레스타인 지역의 78퍼센트입니다. 이스라엘은 나머지 22퍼센트 중 가자 지구와 동예루살렘, 서안 지역을 불법으로 점령해서 '점령촌'을 늘려 가고 있어요. 국제법을 무시한 채 전부 다 자기들이 갖겠다는 거예요.

지금 이 지역에 이스라엘 시민권자가 850만 명 정도 됩니다. 그중에서 150만 명 정도의 팔레스타인 아랍인들이 섞여 있어요.

또 가자에 195만 명, 동예루살렘에 43만 명, 서안에 258만 명 정도의 팔레스타인인들이 살고 있습니다. 그 외 요르단에 300만 명, 레바논에 50만 명, 시리아에 60만 명을 포함해 500만 명 이상의 팔레스타인 난민들이 주변 아랍 국가들에 거주하고 있습니다. 결국 이스라엘 시민권자 유대인들은 700만 명 정도 되고, 팔레스타인인들은 1100만 명 이상 됩니다.

사정이 이렇게 되니까 일부 팔레스타인인들은 현실을 인정하고 팔레스타인 국가를 포기할 테니 시민권을 달라는 쪽으로 가요. 그 예로, 2017년 12월 6일 트럼프 대통령이 '예루살렘은 이스라엘 수도라고 선언'한 직후, 사에브 에레카트라는 팔레스타인 수석 협상자는 "요르단 강부터 지중해까지, 역사적 팔레스타인 땅에서 살고 있는 모든 사람들이 동등한 권리를 갖는 한 국가 건설을 위한 투쟁으로 전환해야 할 시점이다"라고 주장했습니다. 이게 무슨 뜻일까요?

항복이 아닙니다. 팔레스타인 인구가 많으니까 시민권을 얻으면 민주적인 방식으로 지금의 이스라엘을 바꿀 수 있다고 보는 거예요. 게다가 이스라엘 유대인 내부도 상당히 복잡해요. 부자인 사람, 가난한 사람. 백인, 흑인, 인도계, 아랍계 등, 내부적으로 인종차별도 심합니다. 지금은 시온주의자들이 이스라엘을 움직이고 있지만 그 안에서도 다양한 이해관계가 있다는 이야기입니다.

제가 10여 년 전에 이스라엘에서 한 언론인을 만난 적이 있습니다. 그분이 제게 물어요. 중동에서 가장 민주적인 국가가 어디일 것 같으냐? 정답은 이스라엘. 어쨌든 투표라는 걸 하잖아요. 그래서 독립국가 건설 노력이 실패한 이후, 일부 팔레스타인인들은 시민권 획득으로 선회하고 있는 것입니다.

다음으로, 과거로 돌아가서 시온주의자들이 이 지역을 점령하기 위해 얼마나 치밀하게 노력을 기울여 왔는지를 한번 살펴보겠습니다. 도대체 어쩌다가 팔레스타인은 이스라엘의 땅이 되어버린 걸까요?

시온주의자들의 국가 건설 프로젝트는 그 역사가 깊습니다. 1882년경부터 매년 평균 2000~3000명의 유대인들이 팔레스타인으로 이주해요. 1914년에 이르러서는 팔레스타인 지역의 유대 인구가 대략 8만 5000명, 전체 인구의 12퍼센트로 증가합니다. 이들 중 4분의 1은 1901년에 팔레스타인 땅을 사기 위하여 창설된 유대 민족 기금으로 정착합니다.

20세기 초 시온주의자의 목표는 팔레스타인 땅 획득과 이주였습니다. 이 지역에 대한 인구적인 지배를 강조하였지요. 여기에 맞춰 1909년 최초의 키부츠이스라엘 농업 공동체가 건설되고, 새로운 유대 공동체의 정치 지도부가 수립됩니다. 1914년경에 약 1만 명 이상의 유대인들이 47개의 농장에서 일합니다. 시온주의자들의 식민지 건설은 당시 팔레스타인의 인구적, 경제적, 정치적인 구조를 파괴하는 것이었어요. 당연히 팔레스타인 사람들과의 긴장이 높아집니다.

영국은 이러한 움직임을 지원하는 한편, 메카, 메디나 지역을 통치하던 하심가이슬람 예언자 무함마드 가문를 중심으로 한 아랍 민족주의를 후원합니다. 아랍 민족주의는 아랍인들이 스스로 만들어낸 게 아니에요. 영국이 자금과 무기를 지원하면서 활성화시킨 결과이지요. 당시 주도권을 놓고 유럽과 경쟁하던 오스만제국을 겨냥한 겁니다. 이와 관련하여 먼저 살펴볼 것이 영국과 하심가 동맹입니다.

당시 영국이 메카와 메디나 등 이슬람 주요 지역을 통치하던 하심가에게 위대한 무함마드 혈통인 너희가 어떻게 야만족인 튀르크의 통치를 받을 수 있느냐, 우리와 연합해서 오스만제국 군대를 몰아내면 이 지역의 통치권을 주겠다고 해요.

이런 내용은 제1차 세계대전 동안, 1915년 7월 14일부터 1916년 1월 30일까지 메카의 샤리프 후세인 빈 알리와 이집트 주재 영국 고등 판무관 헨리 맥마흔이 나눈 서신에 잘 나타나 있습니다. 오스만제국의 통치하에 있는 레반트와 아라비아반도 지역 처리에 대한 의견을 교환하면서 두 사람은 '독립 아랍 정부'의 통치 지역을 이라크를 포함하는 아라비아반도와 팔레스타인을 포함하는 레반트 지역으로 합의합니다. 이를 통해 메카의 샤리프 후세인은 장차 이슬람 세계의 정치, 군사의 최고 권력자가 될 것으로 믿었습니다.

한편으로는 1916년 5월 16일 체결된 사이크스-피코 협정을 통해 레반트와 아라비아반도 일부 지역을 영국 영역과 프랑스 영역으로 분할하면서, 팔레스타인 지역을 영국, 프랑스, 러시아가 공동 통치하기로 합의하지요.

1917년 11월 2일에는 영국 외상 밸푸어가 밸푸어 선언을 통해 시온주의자들과 동맹을 맺습니다. 이 선언에는 다음과 같이 쓰여 있었어요. "영국 정부는 팔레스타인에 '유대 민족 고향'을 재건한다는 원칙을 승인한다. 영국 정부는 이 목적 달성을 위해서 최선의 노력을 경주하고 필요한 수단이나 방법에 관해서는 시온주의자 기구와 협의한다."

이렇게 영국은 아랍 민족주의 세력과 시온주의자들과 각각 동맹을 맺은 후에 이 둘을 연합하는 정책을 취합니다. 바로 1919년 1월 3일 영국이 중재한 파이잘-와이즈만 협정이에요. 파이잘은 메카의 샤리프 후세인의 셋째 아들로 하심 왕국을 대표하고, 와이즈만은 세계 시온주의자 기구 대표입니다. 이 둘이 만나서 다음 세 가지에 합의합니다.

첫째, 아랍인들과 유대인인들 사이에는 고대부터 내려온 '인종적 유대우리는 모두 아브라함의 후손들이다'가 있다. 둘째, 파이잘은 팔레스타인에서 '유대인의 민족 고향'을 건설한다는 1917년의 밸푸어 선언을 지지하고, 팔레스타인으로 대규모의 '유대 이민과 유대 정착촌 건설'에 협력할 것을 약속한다. 셋째, 세계 시온주의자 기구는 파이잘이 열망하는 '아랍국가 건설을' 후원하겠다고 약속한다.

와이즈만은 영국인-유대인으로서 1948년 이스라엘 초대 대통령이 되었습니다. 파이잘은 앞서 서신에 나오는 하심가 후세인의 아들이고요. 이 협정을 통해서 하심가는 시온주의자들의 팔레스타인 점령에 동의하고, 그 대가로 요르단 왕국과 이라크 왕국을 건설합니다.

1차 세계대전 동안 아랍 민족주의를 주도한 하심가는 오스만제국과 전쟁을 하면서, 영국제 무기와 재정적인 군사 원조를 계속 받아요. 이때 등장하는 인물이 영화로도 유명한 '아라비아 로렌스토마스 로렌스'예요. 결국 시온주의자는 하심가와의 동맹을 통해 팔레스타인에서 오스만제국을 밀어내고 거기에 유대 국가를 건설할 수 있는 기회를 만든 겁니다. 반면 하심가는 1000년 이상 통치해온 히자즈 지방메카와 메디나 지방을 사우드 가문에게 빼앗기고, 대신 요르단 왕국과 이라크 왕국을 건설하고요. 하지만 요르단과 이라크 지방 부족을 이끄는 토후들이 순순히 이 결정을 받아들였을까요? 당연히 반발했지요. 이라크, 요르단 원주민 부족들이 반란을 일으킵니다. 이걸 영국이 다 막아줘요.

1차 세계대전이 끝나고 파리 평화회의가 열립니다. 이때 세계 시온주의자 기구가 "팔레스타인 주권은 국제연맹에 있고 영국이 위임 통치를 해야 한다, 팔레스타인에 대한 역사적인 소유권과 국가 건설의 권리가 유대인에게 있다." 이런 의견을 제출해요. 이때 세계 시온주의자 기구 의장은 누구냐면 바로 와이즈만이에요, 여기에 파이잘이 적극적으로 찬성합니다. 시온주의 운동의 대표적인 인물과 아랍 민족주의의 대표가 상호 협력 관계에 있었던 거예요.

이런 과정을 통해 서로의 이익을 관철시키는 관계가 지금껏 계속되고 있습니다. 당시 영국의 지배력은 강력했습니다. 영국의 지원을 받지 않고는 어떤 정치적 행위도 할 수가 없었어요. 우리가 아는 중동의 나라들, 사우디, 아랍에미리트, 바레인, 카타르 같은 나라들도 영국의 지원을 받아서 세워졌어요. 영국의 허락 없이는 국가를 세울 수 없었습니다. 이때 영국이 세운 전략의 기준은 해당 지역에서 헤게모니를 장악한 세력에게는 권력을 주지 않는다는 것이었어요. 자율적이고, 강력한 통일 국가가 나오지 않도록 견제한 겁니다. 불안정한 판을 짜고 여기에 수시로 개입하는 거예요.

사우디아라비아 왕국을 건설한 사우드 가문도 원래 리야드 주변 지역을 제외한 아라비아반도 대부분 지역에 대한 영향력이 없었어요. 사우디아라비아 왕국을 건설한 압둘 아지즈 이븐사우드는 19세기 말 경 쿠웨이트에서 난민 생활을 10년 이상 했어요. 영국이 압둘 아지즈 이븐사우드를 도와 국가를 세워준 겁니다.

이런 배경이 있으니 사우디아라비아가 이스라엘과 대립적일 이유가 없어요. 우리 머릿속에 있는 아랍/이스라엘이라는 대립 구조는 신화에 불과합니다. 그럼에도 서구에서 이런 민족주의 신화를 강화하는 것은 서구 이익을 극대화시키는 중동 분할통치 전략의 일환입니다. 안타까운 건 이 과정에서 힘없는 팔레스타인 사람들만 계속 희생을 당한다는 겁니다. 지난 20세기가 그랬습니다. 그 영향이 지금도 이어지고 있고요.

영국의 전략 하에 팔레스타인 주변 지역의 국가 권력이 재편된 것입니다. 이후 팔레스타인 지역이 어떻게 변해 가는지 좀 더 살펴보겠습니다.

에너지 전쟁과 팔레스타인

영국이 팔레스타인 지역을 시온주의자들에게 넘겨주기로 했다는 건 아까 말씀드렸지요? 그 과정을 보겠습니다. 우선 팔레스타인 지역을 넘겨받은 영국은 아랍의 무장 단체들을 제거합니다. 사전 정지 작업 같은 거죠. 그래야 시온주의자 유대인들이 마음 놓고 올 수 있잖아요. 당시 이스라엘 군대의 토대를 제공한 시온주의 무장 단체 하가나Haganah는 6~7만 명 정도의 훈련된 대원들을 확보하고 있었습니다.

또한 영국은 1937년 9월 아랍 고등 위원회를 금지하고, 구성원들을 체포하고, 위원장 하지 아민 알 후세이니를 추방했습니다. 이 위원회는 위임 통치 팔레스타인의 아랍 공동체 중앙 정치 기관이었습니다. 팔레스타인 아랍 가문 지도자들로 구성되어 있었지요. 이들은 거세게 저항합니다. 납세 거부, 노동자 총파업 등을 하면서 유대 이민 종결 등을 요구합니다. 1945년 11월 아랍연맹이 '아랍 고등 위원회'를 재건하였지만, 1948년 팔레스타인인들의 정치 세력화를 두려워하는 요르단이 서안에서 이 위원회의 활동을 금지했습니다. 이런 식으로 영국은 위임 통치 기간에 팔레스타인 지역의 저항 세력들을 모두 제거합니다.

그런데 요르단은 좀 뜻밖이죠? 왜 팔레스타인 사람들을 억압했을까요? 아까 1차로 1948년 중동전쟁이 끝나고 서안 지역을 누가 차지했지요? 요르단입니다. 요르단 쪽 입장에서는 팔레스타인 사람들에게 서안을 빼앗기기 전에 싹을 잘라야 하는 거예요. 그래서 요르단이 이스라엘 못지않게 팔레스타인 정치 조직을 탄압했어요.

영국과 동맹을 맺었던 하심가의 셋째 아들 파이잘은 이라크의 왕이 되고, 둘째 아들 압둘라가 요르단 왕이 됩니다. 그런데 1951년 7월 20일 날 압둘라 왕은 예루살렘의 유력 정치-종교 가문인 후세이니 가문 구성원에게 암살당해요. 그만큼 하심가와 팔레스타인 정치-종교 가문은 경쟁 관계에 있었습니다. 하심가는 중동에서 시온주의 패권을 관철시키는 데 영국과 함께 아주 적극적으로 협력했어요.

그럼 언제부터 팔레스타인 지역에 유대인들이 늘기 시작했을까요? 보통은 나치의 유대인 학살과 연결 짓는데 사실 팔레스타인 지역의 유대인 이주가 급격하게 활성화된 것은 1932년부터 1937년 사이예요. 인구 통계를 보면 17퍼센트이던 유대인 인구가 5년 만에 28퍼센트로 늘어요. 홀로코스트가 자행되던 시기보다 훨씬 그 규모가 큽니다. 왜 그럴까요? 이유는 바로 '석유' 때문입니다. 이라크 키르쿠크에서 지중해와 인접한 항구 도시, 지금의 이스라엘 북부 하이파로 이어지는 파이프라인이 1932년부터 34년까지 건설됩니다. 이 파이프라인을 안정적으로 유지하기 위해 유대인들을 이주시킨 거예요.

1946년 영국 왕립 국제문제연구소가 펴낸 『그레이트 브리튼과 팔레스타인 1915~1945』에 따르면, 20세기 초 팔레스타인 지역은 다음과 같은 전략적인 의미가 있었습니다.

첫째, 수에즈 운하에 대한 잠재적인 위협을 막기 위한 전초기지. 둘째 1934년에 건설된 키르쿠크-하이파 석유 파이프라인의 출구. 셋째, 인도 등으로 가는 국제 항공 노선의 중간 기착지. 넷째, 이라크로 가는 사막 자동차 도로의 출발점.

영국으로서는 이 지역을 놓칠 수가 없었던 거죠. 이는 21세기에 미국의 중동 정책, 이스라엘-팔레스타인 정책을 이해하는 데 가장 중요한 포인트입니다.

미국이 2003년에 키르쿠크-하이파 파이프라인을 재건하려는 계획을 세우고 하이파에 군사기지를 건설합니다. 그전에는 지중해 지역에 미군 기지가 없었어요. 이는 2000년대에 지중해 연안에서 발견된 대규모 천연가스 유전과도 관련이 있습니다. 이스라엘-팔레스타인 분쟁을 이해할 때 에너지 문제를 빼놓을 수가 없습니다.

그럼 지금까지 말씀드린 이스라엘-팔레스타인 분쟁의 전개 과정에 대해 요약해 보겠습니다. 1차 대전 전후 영국은 오스만 제국의 영향권에 있던 중동 지역의 질서를 재편하고자 시온주의자, 아랍 민족주의자와 협력합니다. 이 과정에서 팔레스타인 사람들이 소외되고요. 1948년 5월 14일 이스라엘이 국가 건설을 선언했을 때 미국과 소련이 즉각 인정한 데 반해 같은 해 10월 1일 국가 선언을 한 팔레스타인은 철저히 외면당합니다. 심지어 팔레스타인 국가 선언 사실을 알고 있는 사람도 거의 없어요. 가자 지구에서는 팔레스타인 국가가 그나마 이집트 통치하에서 하위 정부 노릇을 해왔는데 그마저도 1959년 해체당합니다. 당시 이집트 대통령인 가말 압둘 나세르가 없애버려요. 명목상으로 존재하던 팔레스타인이란 나라는 이렇게 완전히 지구 상에서 사라집니다.

이 모든 것이 영국과 미국을 위시한 서구 열강들, 요르단, 이집트 같은 중동의 주변 국가들의 이해관계 때문입니다. 비정한 국제정치 논리가 오늘날 팔레스타인 사람들이 비참한 삶을 계속하게 하는 데 일조하고 있어요.

지금 이 순간에도 팔레스타인 사람들은 자신들의 입장을 전 세계에 알리고자 노력하고 있어요. 그러나 아무도 귀 기울이지 않습니다. 그럼에도 사람들은 이스라엘이 고립되어 있고 팔레스타인은 중동의 주변 나라들로부터 지원을 받는 걸로 잘못 알고 있어요. 사실은 그 반대인데 말입니다. 서구 매체들이 이러한 시각을 강화하고 있고요. 이런 식의 선전이 결과적으로 이스라엘의 무장에 빌미를 줍니다. 한쪽이 무기를 사들이기 시작하면 주변국에서 가만히 안 있죠. 군비 경쟁을 합니다. 엄청난 무기 시장이 형성되는 거예요. 이 시장의 80퍼센트를 미국이 차지하고 있고요.

지금 이 순간도 이스라엘은 동예루살렘의 땅을 사들입니다. 팔레스타인 사람들로선 군사력과 함께 자본력을 가진 이들에 대항할 길이 없어요. 도와주는 사람도 없습니다. 외려 팔레스타인 사람들이 강해지는 것을 견제해요. 요르단이 그렇습니다. 요르단 수도 암만 상권의 90퍼센트 이상을 팔레스타인 출신들이 장악하고 있어요. 그러니 겁이 나지요. 어쩌면 요르단은 팔레스타인이 독립국가로 서는 걸 이스라엘보다 더 원치 않을지도 몰라요. 팔레스타인 사람들을 안 도와줍니다.

이런 상황에서 이스라엘은 다음과 같은 과정을 통해 팔레스타인 사람들을 쫓아냅니다.

유엔 팔레스타인 조정 위원회 발표에 따르면, 이스라엘이 건국을 선포한 1948년 72만 6000명의 팔레스타인 사람들이 주변 아랍 국가나 그 밖의 곳으로 피난 갑니다. 자기 땅에서는 살 수가 없으니까요. 이때를 기다렸다는 듯이 이스라엘은 1950년 3월 '부재자 재산법'을 제정합니다. 팔레스타인 난민의 재산을 몰수해요. 그리고 같은 해 7월 '귀환법'을 통해 외부에 사는 유대인들을 끌어모읍니다. 이 법은 "모든 유대인은 새로운 이주자로서 이스라엘로 돌아올 권리를 가지며 완전한 이스라엘 시민권을 받는다"고 규정하고 있어요.

그리고 1967년 6월 5일 이집트를 선제공격하면서 2차 중동전쟁이 일어납니다. 이때 시나이, 서안, 가자, 골란고원 등 기존 영토의 3.7배인 약 7만 제곱킬로미터를 장악하지요. 43만 4000명의 팔레스타인 난민이 발생해요. 이들 중 대다수는 요르단으로 이주하고 100만 명 정도가 남아 이스라엘 점령하에 생활합니다. 전쟁이라고 부르기도 민망할 만큼 일방적인 전쟁이었습니다. 공격 개시 6일 만에 압도적인 승리로 끝나지요. 현재 분쟁의 대상이 되는 지역은 동예루살렘, 서안, 가자팔레스타인 영토의 22퍼센트와 골란 고원시리아이며, 국제법상으로 이들 지역은 불법적인 이스라엘 점령지예요. 당시 이 문제를 해결하기 위해 유엔 안보리가 소집

되고 다음과 같이 결의합니다.

- 최근의 분쟁에서 점령한 영토로부터 이스라엘 무장 병력의 철수.
- 교전 주장 혹은 교전의 종결과 이 지역에 있는 모든 국가의 주권과 영토의 보전, 정치적 독립의 인정과 존중.
- 국제 수로에서의 자유로운 항해 보장.
- 난민 문제의 공정한 해결.
- 이 지역 모든 국가의 영토에 대한 불가침성과 정치적 독립의 보증.

– 유엔 안보리 결의 242호(1967년 11월 22일)

그러나 이 결의안은 지켜지지 않습니다. 철저히 힘의 논리가 지배하는 국제 질서에서 아무런 힘도 발휘하지 못해요.

1979년 이집트가 가자 지구에 대한 이스라엘의 지배권을 인정했어요. 1994년에는 요르단이 이스라엘이 불법적으로 점령한 서안을 포기합니다. 직접적인 이해 당사국인 이집트, 요르단은 침묵을 지킵니다. 이들은 그 대가로 엄청난 돈을 받아요. 이집트는 1년에 20억 달러, 요르단은 7억 달러의 부채를 탕감 받고 매년 5억 달러를 지원받습니다.

지금 이스라엘에서 계속 공격하는 곳이 가자 지구인데요. 팔레스타인의 무장 투쟁 조직인 하마스가 활동하는 곳입니다. 그런데 제 친구 중 하나가 그래요. 이스라엘이 가자를 계속 공격하는 게 하마스 단속이 아닌 천연가스 때문이라는 거예요. 미국 에너지 회사가 관리하는 이 지역의 천연가스는 파이프라인을 통해 팔레스타인과 터키를 거쳐 유럽으로 갈 예정입니다. 파이프라인 건설 협정을 2017년에 이미 체결했어요, 팔레스타인이 매우 중요한 지역적 가치를 갖고 있는 거예요. 미국을 등에 업은 이스라엘이 이 지역에서 팔레스타인 사람들을 내쫓으려는 거예요. 그래야 자기들이 이권을 확보할 수 있거든요. 그런데 명분이 없잖아요. 천연가스 우리가 관리할 테니 너희 나가라? 이러면 국제사회가 가만히 있겠어요? 그러니까 자꾸 하마스를 들먹이면서 공격하는 거예요. 완전히 민간인들만 있는 지역은 공격할 명분이 없거든요.

현재 유럽에 공급되는 천연가스를 장악하고 있는 나라가 러시아입니다. 여기에 이스라엘이 도전장을 내놓고 있는 거지요. 파이프라인을 건설해서 유럽 에너지 시장을 일부 가져오겠다는 야망이 있습니다.

네, 그래서 우리가 이스라엘-팔레스타인 분쟁을 이해할 때 국제정치 질서와 에너지 시장 등을 고려해야 한다는 점을 말씀드렸습니다. 이를 통해 여러분이 좀 더 세계를 이해하는 폭넓은 시각을 가질 수 있었으면 해요. 그럼 이것으로 강의를 마치겠습니다. 고맙습니다.

5강. 평화와 인권

서현숙 | 유네스코한국위원회 국제협력팀장

서현숙(유네스코한국위원회 국제협력팀장)

숙명여자대학교 정치외교학과를 졸업했고, 유네스코한국위원회 교육본부 교육팀장을 맡았으며, 현재 국제협력팀장으로 재직 중이다. 교육팀에서의 중점적인 업무로 2015년 유엔이 전 세계 모두가 해결해야 할 지구촌 과제로 제시한 17개의 지속가능 발전목표(Sustainable Development Goals: SDGs)의 네 번째 목표인 교육 목표(SDG4)의 국내 이행을 담당했다. 대외적으로는 환경교육 진흥 실무위원회 위원, ACU(아시아 사이버대학) 프로젝트 자문 위원(한국교육학술정보원)으로 활동하고 있으며, 2018년도에는 우리 정부가 추진한 국가 지속가능 발전목표(K-SDGs) 교육 분야(SDG4) 작업반에도 참여한 바 있다.

5강
평화와 인권

저는 유네스코한국위원회에서 일한 지 20여 년 됐습니다. 유네스코는 창설 초기부터 인권과 평화를 주요 사명으로 하고 특히, 1990년도에는 평화, 인권, 민주주의 교육을 강화하는 사업과 프로그램을 실시했습니다. 1990년대 말에서 2000년대 초에 유네스코한국위원회에서도 인권교육을 다양하게 추진했는데요, 그 과정에서 저도 인권에 관심을 가지고 국제 인권법 연수도 받는 등 인권에 대해 많이 배웠습니다. 아마 여기 계신 분들은 다방면에서 인권에 대한 이야기를 듣고 연수 경험도 있으실 것으로 생각합니다. 하지만 그때만 해도 한국 사회는 전반적으로 인권 의식이 매우 낮을 때였습니다. 지금 이렇게 여러분 앞에서 인권을 말할 수 있다는 게 무척 행복합니다.

평화의 시작

오늘 여러분과 나눌 주제는 평화와 인권입니다. 혹시 이 자리에 오신 분 중에 세계인권선언문을 읽어보신 분 있나요? 모르는 분도 있을 테고 내용을 잘 아는 분도 계시리라 생각합니다. 저도 가끔 들춰 보는데 그럴 때마다 다시 기본으로 돌아가는 기분이 들어요. 예전에는 그냥 넘어갔던 말이 다시 읽을 때는 굉장히 깊게 다가오기도 합니다.

제가 오늘 인권선언문을 자료로 준비했는데요, 이미 알고 계신 분들도 다시 한 번 보셨으면 합니다. 오늘 강의는 인권의 기본 개념이나 인권을 가르치는 방법보다는 인권이라는 가치에 주안점을 두고자 합니다. 편안하게 들으시면 좋겠습니다. 필요하면 그때그때 질문도 해주세요. 그럼 시작하겠습니다.

여러분 혹시 누군가로부터 내 인권을 침해받았다고 생각하신 적 있나요? 인권선언문에 해당하는 기본권을 누리지 못했다, 누군가 나의 생명권과 신체의 자유를 훼손했다, 이주(移住)의 자유, 표현의 권리를 박탈했다, 이런 경우 말이죠. 나의 표현의 권리, 이런 것들에 대해서 나는 한 번이라도 내가 나의 권리를 침해받은 적이 있다고 생각하신 분이 계신가요? (청중: "네, 있어요.") 혹시 사례를 들려주실 수 있을까요? (청중: "제가 여자이다 보니까, 사람들 시선을 의식해서 화장을 하거나 입고 싶지 않은 옷을 입어야 할 때가 많아요.) 그렇죠. 내가 입는 옷, 머리 스타일 이런 것들도 일종의 신체의 자유에 해당하지요. 네, 그러면 반대로 내가 다른 사람의 인권을 침해한 경우는 어떨까요? 네 아무도 없으시군요. (웃음)

어쩌면 우리는 인권에 대해 무척 거창하게 생각하고 있을 수도 있어요. 아까 말씀하신 복장의 자유가 인권이라는 인식도 매우 진보한 거로 볼 수 있습니다. 예전 같았으면 "에이, 그게 무슨 인권이야." 했겠죠. 어떻게 보면 인권은 그리 대단한 게 아닙니다. 만약 제가 인상을 쓰고 무서운 얼굴로, 굉장히 강압적으로 교육을 진행한다면 어떨까요. 기분도 나쁘지만 인권 침해이기도 해요. 왜냐하면 그런 식의 교육 접근이 여러분의 배울 권리를 침해하기 때문입니다. 교육은 가르치는 사람의 권리가 아닙니다. 여러분은 쉽고 재미있게 평화로운 분위기에서 교육받을 권리가 있습니다.

교실에서의 인권은 선생님의 눈빛, 몸짓, 손짓, 하나하나에서 시작한다고 생각합니다. 오래전 외국인 자원 활동가들과 함께 한국 학생들에게 다양한 문화 이해를 위한 수업을 진행하기 위해 학교를 방문한 적이 있습니다. 그런데 교실에서 담당 선생님이 한 학생에게 무척 강압적으로 지시를 한 적이 있어요. 선생님은 아무렇지도 않은 듯 평소의 태도를 보였는데요, "야, 조용히 하고 저기 창문 닫아, 커튼 내리고." 이러세요. 저는 그 선생님의 목소리에서 강한 위협감을 느꼈습니다. 학생 또한 기가 죽어 보였습니다. 본인은 의도하지 않았겠지만 학생 입장에서는 자신이 존중받고 있다는 느낌을 받을 수 없는 상황이었습니다. 교사라는 직분으로 힘을 발휘하는 것입니다.

인권교육을 받으러 오신 분들은 결코 그런 일이 없겠지만, 우리 스스로 나의 행동 하나하나에 대해서 고민해 보면 좋겠습니다. 저는 특별한 수업보다는 평상시의 태도가 학생들에게 더 많은 것을 알려주고 일상적인 생활 속에서 타인의 권리를 존중하고 실천할 수 있게 해준다고 생각합니다. 교사의 한마디, 행동 하나하나가 교육이 될 수 있습니다.

“나는 그런 교육시킨 적 없어.” 해도 받아들이는 사람 입장에서는 또 다른 것입니다. 적극적으로 의도하지 않고서도 누군가의 권리를 침해할 수 있게 되는 것이죠. ‘방조’도 그렇습니다. 아무런 조치를 취하지 않음으로써 인권 침해를 불러옵니다. 저희가 인권 감수성을 강조하는 이유도 여기에 있습니다.

인권을 지식의 측면에서 이해하기보다는 몸으로 느끼고 이해하게끔 하는 것이 더 나은 인권교육이라고 생각해요. 이렇게 말씀드리는 저도 생활 속에서의 실천이 무척 어렵다고 봅니다. 한 가지 다행인 것은 사회적으로 우리의 인권 의식이 높아지고 있다는 점이에요. 그렇기 때문에 인권교육도 사람들의 눈높이에 맞춰 진행되어야 합니다.

우리가 사는 세계는 무수히 많은 인권 침해가 이루어지고 있어요. 매일 뉴스에 나오는 끔찍한 사건들, 우리의 일상을 위협하는 수많은 폭력이 그래요. 전쟁이라든지 기아, 빈곤, 질병, 기후변화로 인한 각종 재난, 폭력, 극단주의…. 일일이 말씀드리기 어려울 만큼 많은 일들이 지금 이 시간에도 일어나고 있습니다.

어떤 분들은 그게 인권과 무슨 관계냐고 묻습니다. 그런데 오늘날처럼 세계가 하나가 되고 모든 사건들이 밀접하게 연관되어 있는 요즘, 사회 문제를 하나씩 떨어뜨려 놓고 보면 해결이 어렵습니다. 실제로 인간 존엄성, 평등한 권리, 사회 정의, 문화 다양성, 국제 연대, 공동 책임 등 더 나은 삶을 위한 이러한 가치들은 모두 인권과 연관되어 있어요. 평화도 마찬가지입니다. 우리가 보통 평화를 이야기할 때 전쟁과 같은 폭력이 없는 상태를 많이 떠올립니다. 인권하고 바로 연결 짓지 못해요. 오늘 이 자리에서는 어떻게 평화가 인권과 연관되는지를 말씀드리고자 합니다.

먼저 평화가 무엇인지 알아볼게요. 여러분은 지금 평화로운가요? 그렇지 않다면 이유가 뭘까요? 몇 년 전 초등학교 대상의 유네스코 키즈 프로그램 참가자 선발을 위해 학생들에게 전쟁과 평화를 주제로 에세이를 작성하게 했습니다. 학생들에게 전쟁은 언제 일어나고 이러한 전쟁을 막을 수 있는 방법은 무엇인지에 대해 글을 쓰도록 했습니다. 초등학교 4학년이었던 것으로 기억하는데요, 어떤 아이가 이렇게 썼어요. 나의 전쟁은 누나와 과자를 먹을 때이다. 서로 많이 먹기 위해서 싸운다. 그러면 해결 방법이 뭐냐, 누나랑 나눠 먹는다, 였습니다. (청중: 웃음) 저는 고개를 끄덕이게 되었습니다. 보통 전쟁하면 국가 간에 이루어지고 수많은 사람들이 죽는 것만 생각하잖아요. 그런데 이 학생은 일상에서 전쟁과 평화를 이야기합니다. 결론도 생각해볼 만해요. '나눠 먹는다'가 단순하지만 가장 효과적인 방법이잖아요.

역사적으로 전쟁이 그랬으니까요. 땅과 자원을 빼앗기 위해, 상대에게 내 종교를 강요하기 위해 지금도 세계 곳곳에서 전쟁이 벌어지고 있습니다. 상대를 인정하고 함께 나누는 순간 평화가 찾아오겠지요.

보통 전쟁을 평화의 반대말로 생각합니다. 쉽게 생각하면 그럴 수도 있죠. 그렇다면 정말 전쟁이 없는 상태가 평화로울까요?

"전쟁은 인간의 마음속에서 생기는 것이므로 평화의 방법을 세워야 할 곳도 인간의 마음속이다." 유네스코 헌장에 나오는 말입니다. 무슨 뜻일까요? 이 문장을 보면 유네스코가 왜 만들어졌는지 무엇을 추구하는지가 담겨져 있습니다. 평화는 먼 곳에서 찾을 게 아니라 우리의 마음속에서, 우리의 삶 속에서부터 평화로워야 한다는 의미입니다. 그러려면 각자의 마음에 평화의 개념이 정립되어야 해요. 유네스코는 유엔UN 산하 교육 전문 기구입니다. 제2차 세계대전 이후에 창설되었지요. 두 차례의 세계대전을 겪으면서 수많은 사상자가 발생했고 전 세계가 평화에 목말라 있을 때였습니다. 당연히 전쟁을 막고 평화로운 세상을 만들자는 것이 전 세계 많은 사람들의 희망이었고 유네스코의 창설 배경이 되기도 했습니다. 이런 국제기구에서 평화를 인간의 마음과 연결시키다니 신기하지 않아요? 교육, 과학, 문화를 통해서 인간의 마음속에 평화의 방벽을 만드는 것이죠.

평화는 소극적 평화와 적극적 평화로 나누어볼 수 있습니다. 소극적 평화란 직접적 폭력이 없는 상태를 말해요. 이런 시각에서 보면 전쟁, 테러 같은 물리적인 폭력이 없으면 즉, '전쟁 없는 상태'라면 일단 평화롭다고 볼 수 있겠죠. 그런데 정말 그럴까요? 여러분, 우리나라가 지금 평화롭습니까? 물론 휴전 중이기는 합니다만 전쟁을 벌이고 있는 상황도 아니고 극단적인 테러가 일어나지도 않아요. 하지만 우리 사회는 여전히 불안하고 평화롭다고 보기는 어렵습니다.

그래서 학자들은 '적극적 평화'라는 개념을 제안해요. 빈곤이나 기아 같은 구조적 폭력, 무지와 몰이해로 인한 문화적 폭력 역시 우리가 평화를 얻기 위해 해결해야 할 문제로 보는 것입니다. 유엔이나 유네스코의 탄생 또한 이러한 적극적인 평화를 구현하고자 하는 것에서 출발했다고 볼 수 있습니다.

일자리가 없어서 당장의 끼니를 걱정해야 하는 사람은 결코 평화롭지 못합니다. 성차별, 인종차별로 고통받는 사람도 그렇지요. 최근에 한국 사회에서 일어난 아동 학대 사건, 미세먼지 등 환경 재난, 보건 문제도 마찬가지입니다. 이러한 것을 물리적으로 없애는 것뿐만 아니라 개인 한 사람 한 사람이 나의 이슈로 받아들이고 해결 방법을 적극적으로 모색해서 더불어 잘 살 수 있는 방안을 강구하는 것이 적극적인 평화라고도 볼 수 있습니다. 요즘 NGO나 시민 사회 단체에서 평화를 이야기할 때 이런 구조적인 폭력과 사회 시스템의 변화를 더 많이 이야기해요.

평화는 인권이 존중받을 때에만 지속이 될 수 있습니다14대 달라이 라마 텐진 가초. 앞서 누나와 과자 때문에 싸웠다는 초등학생 이야기를 했었지요. 아이들에게 인권과 평화에 대해 물으면 자기 고민을 먼저 말합니다. 저는 이런 관점 및 접근이 중요하다고 보는데요, 성인들을 대상으로 하면 항상 큰 이야기를 먼저 꺼냅니다. 물론 중요한 사회적 이슈에 관심을 가지고 접근하는 것도 필요하지만, '자기'에서 출발하지 않으면 자칫 인권이 '먼 나라 이야기'가 될 수 있습니다.

인권은 '나'에서 출발합니다. 여러분이 해외여행을 갔는데 인종차별을 당하면 어떠신가요? 당연히 기분이 나쁘겠죠. 자칫 생명의 위협을 느낄 수도 있습니다. 최근에 '몰카'가 큰 사회 문제가 되고 있습니다. 다른 사람의 신체를 촬영해서 인터넷이나 SNS에 올리는 행위는 인권 침해이자 명백한 범죄 행위입니다. 이런 일들은 결과적으로 나의 평화, 평화로운 사회, 사회 정의를 깨는 요인이 된다고 봅니다. 인간의 마음속에 평화의 방벽을 쌓고 인간답게 살 수 있는 권리를 보장받으며, 나의 다양한 가치를 존중받는 지속 가능한 사회를 만드는 것이 유네스코가 지향하는 가치이며, 앞서 유네스코 헌장에 나온 말은 바로 이런 의미입니다.

유네스코와 한국

그렇다면 대표적인 국제기구인 국제연합이하 유엔은 평화에 대해 어떻게 생각하고 있을까요? 한번 살펴보겠습니다. 세계인권선언이 만들어진 게 1948년입니다. 12월 10일 유엔총회에서 채택되었지요. 인류 최초의 국제적 인권 합의문으로, 지금은 대략 350개 언어로 번역되어 전 세계적으로 가장 널리 알려져 인용되는 선언입니다. 법적 구속력이 없는 '선언'임에도 이토록 강력한 영향력을 갖게 된 이유는 무엇일까요? 인류의 '보편적 가치'를 지향하는 대표성 때문이 아닐까요? 실제로 유엔은 국제 평화를 위해 다양한 활동을 하고 있습니다. 대표적으로 다음과 같은 것을 꼽을 수 있겠는데요.

첫째로 국제사회의 평화와 안전 보장을 위해 분쟁 지역에 평화 유지를 위한 군대를 파견합니다. 우리나라도 소말리아나 동티모르에 평화 유지군의 일원으로 참가했었죠. 두 번째는 지속 가능한 발전sustainable development 도모입니다. 빈곤 퇴치와 인간과 자연의 공존을 위한 활동을 하고 있어요. 세 번째는 인권 보장입니다. 세계인권선언 등을 통해 각 나라에서 얼마나 인권이 잘 지켜지고 있는지를 살피고 교육권, 자유권, 문화적·사회적 권리 등 인간답게 살 수 있는 권리 보장을 위해 노력하고 있어요.

그래서 유엔은 다양한 인권 보장 기구를 두고 있습니다. 우선 인권 이사회가 있습니다. 유엔총회 산하 보조 기구로, 제반 인권 이슈에 대한 논의 및 중대한 인권 침해에 대한 즉각적인 대처 및 효율적인 조정 역할을 담당하고 있습니다. 인권 이사회는 정기적으로 유엔 가입국의 인권 상황을 검토하고 인권 상황을 개선하기 위해 노력하고 있는데요, 만약 중대한 인권 침해 발생 시 특별 절차를 밟는다든지 자문 위원회를 통해서 개선 행동에 나섭니다. 여기서 반인도 범죄나 전쟁범죄 등에 대한 조사 위원회가 열려 유엔총회에서 국제형사재판소ICC 회부를 권고하는 결의를 채택하게 되면, 말 그대로 국제적인 심판대에 오르는 겁니다. 2014년 유엔 북한인권 조사위원회 보고서를 발표하면서, 12월 유엔총회는 북한 상황의 ICC 회부를 권고하는 유엔총회 북한인권결의를 채택한 바 있습니다.

마지막으로 제가 일하는 유네스코가 있습니다. 유네스코에 대해서 간단하게 소개를 먼저 드리겠습니다. 유네스코UNESCO는 'United Nations Educational, Scientific and Cultural Organization'의 약자입니다. 우리말로 하면 '유엔 교육과학 문화

기구'입니다.

제2차 세계대전이 끝난 1945년에 유엔이 창설되고, 유네스코도 같은 해 11월에 만들어졌습니다. 전 세계 37개국에서 교육자를 위시한 수많은 전문가들이 영국 런던에 모여서 '유네스코 헌장'을 채택합니다. 교육, 과학, 문화 등 지적 활동 분야에서 국제 협력을 촉진함으로써 유엔이 지향하는 세계 평화와 안보, 인류 번영에 기여하기 위해서 만들어진 기구입니다.

여러분은 유네스코라고 하면 '유네스코 세계 유산'을 제일 많이 들어보셨을 겁니다. 세계 문화유산, 기록 유산, 무형 유산 등 문화에 대한 유네스코 활동이 일반인들에게는 가장 많이 알려져 있는 것이 사실입니다. 그런데 명칭에서도 알 수 있지만 그게 다가 아닙니다. 유네스코는 유엔 기구 중에서도 교육을 전문으로 하는 기구로서, 초중등 교육, 평생교육, 직업기술교육, 환경교육 및 평화, 인권교육 등 교육 분야에서 대표적인 활동이 많습니다. 유네스코의 기능 중 하나는 규범 설정이 있는데요, 교원의 지위에 관한 권고나 교육상 차별 금지에 관한 협약 등 교육 분야에서도 선생님들과 직접적인 연계가 있는 활동이 많습니다. 혹시 '유네스코 학교'에 대해 들어본 적이 있나요? 보통은 생소하시겠지만 학교 선생님들이나 '유네스코 학교' 활동을 하는 학생들이라면 익숙할 수도 있습니다.

'유네스코 학교'UNESCO Associated Schools란 '평화와 인권, 국제 이

해, 지속가능발전'이라는 유네스코의 이념에 기반하고 있는 글로벌 학교 네트워크를 말합니다. 우리나라에만 전국적으로 611개 초·중·고 및 교원 연수기관이 지정되어 있어요. 물론 모든 학교가 국제 네트워크에 가입되어 있지 않지만 국내 활동에서는 차별이 없습니다. 범지구적 문제와 유엔 및 유네스코 같은 국제기구의 역할, 지속가능발전 교육, 인권·평화·민주주의, 문화 간 학습이 바로 유네스코 학교의 주요 학습 주제입니다.

여기에는 유네스코가 지향하는 평화, 지속가능발전, 인권, 문화 다양성이라는 핵심 가치가 모두 들어가 있어요. 사실 유엔 산하의 기구들이 벌이는 다양한 활동은 이러한 가치와 목표 달성으로 귀결됩니다. 이러한 가치들은 개별적으로 있는 게 아니라 모두 연관되어 있어요. 인권 보장 없이 평화가 존재할 수 있을까요? 다양성을 인정하지 않고 인권을 보장받을 수 있을까요? 또한 실질적인 인권이 보장되려면 지속 가능한 발전이 필요합니다.

유네스코 본부는 파리에 있습니다. 현재 정회원국은 193개국인데요, 2018년까지 195개국이었어요. 지난해 말 미국과 이스라엘이 나란히 탈퇴하면서 2개국이 줄었습니다. 유엔은 정회원국이 몇 개일까요? 193개입니다.

팔레스타인과 쿡제도, 니우Niue라는 세 곳은 유엔에는 가입하고 있지 않지만 유네스코 회원국입니다. 리히텐슈타인이라는 곳은 유엔 회원국이지만 유네스코 가입은 안 되어 있습니다. 어쨌든 유엔에 가입하고 있는 나라는 거의 대부분 유네스코 회원국이라고 보시면 됩니다.

여기서 잠깐 팔레스타인 이야기를 하고 넘어갈까 합니다. 조금 전 미국과 이스라엘이 탈퇴했다고 했지요? 이 문제와 관련이 있습니다. 2011년에 팔레스타인이 유네스코에 정회원국으로 가입합니다. 먼저 유엔 정회원국이 되려고 계속 문을 두드렸지요. 유엔 정회원국이 되려면 유엔총회와 안전 보장 이사회[안보리]의 승인을 받아야 합니다. 그런데 안보리 결정 과정이 만장일치제이거든요. 이사국 중 한군데라도 반대하면 통과가 안 됩니다. 팔레스타인은 유엔 정회원국 가입을 신청했지만 미국이 거부권을 행사해 무산된 바 있습니다.

그런데 팔레스타인과 이스라엘이 앙숙이라는 건 다들 알고 계시죠? 게다가 미국이 이스라엘을 노골적으로 편들고 있다는 사실도요. 결국 팔레스타인은 유엔에 가입을 못 합니다. 그런데 유네스코에는 가입이 되었거든요. 이게 어떻게 가능하냐면, 유네스코는 유엔과 달리 모든 회원국의 다수결 원칙에 따라 회원국의 과반수가 찬성하면 통과됩니다. 그래서 팔레스타인이 2011년 유네스코를 통해 유엔 산하 기구의 정회원국이 되었습니다. 그랬더니 미국과 이스라엘이 발끈합니다. 유네스코 같은 국제기구는 기본적으로 회원국의 분담금으로 운영됩니다. 그 돈으로 기본적인 사업과 프로그램을 운영합니다. 이 사실을 잘 알고 있는 미국은 팔레스타인이 정회원국으로 가입될 경우 유네스코에 대한 자금 지원을 전면 중단한다고 위협하고, 2011년부터 분담금을 안 내기 시작해서 그동안 누적된 금액이 6억 달러 가까이 됩니다. 그런데 미국은 유네스코에서 제일 분담금을 많이 내는 나라였어요. 예산의 22퍼센트를 차지할 정도였으니까 영향력도 매우 컸습니다. 이러한 미국이 이스라엘과 함께 유네스코가 팔레스타인에 편향됐다고 비난해 오면서, 2019년 새해 첫날 유네스코를 공식 탈퇴하게 된 것입니다.

유네스코의 직원은 파리 본부와 지역 사무소 등에 2000명이 조금 넘습니다. 각 나라마다 분담금 비율에 맞춰 직원 수를 배분하는 시스템이에요. 그래서 최근에는 중국이 급부상하면서 분담금을 1순위로 내고 있고, 그다음으로 일본도 꽤 많습니다. 우리나라는 분담금 규모가 세계 10위쯤 됩니다.

현재 유네스코를 책임지고 있는 분은 오드리 아줄레 사무총장입니다. 2017년 부임했는데 프랑스 문화부 장관 출신입니다. 전임자였던 이리나 보코바 사무총장에 이어 또다시 여성 사무총장이 선출되었습니다. 참고로 사무총장은 총회에서 선출되고 유네스코 최고 행정 책임자로 임기는 4년입니다. 유네스코는 여성 직원 비율이 꽤 높은 편인데요, 절반 정도가 여성이고 임원 비율도 그와 비슷합니다.

유네스코 조직은 모든 정회원국 대표로 구성된 최고 의결 기구인 총회와 총회에서 선출된 6개 지역별 그룹의 58개국 대표로 구성된 의결 및 집행 감독 기구인 집행 이사회, 그리고 사업 계획과 집행을 담당하고 있는 사무국으로 구성되어 있습니다. 집행 이사국이 58개 국가인데 한국도 여기에 포함됩니다. 집행 이사회 의장이 굉장히 중요한 역할을 합니다. 유네스코의 주요 사업과 행정 사항에 대한 제안, 심의, 결정 권한을 갖는 핵심 기구인 집행 이사회 의장으로는 현재 주유네스코 대한민국 대표부 이병현 대사께서 맡고 있습니다. 대한민국이 1950년 유네스코 가입 이후 처음 있는 일입니다. 그만큼 국제사회에서 우리나라의 대외적 역량과 유네스코에 대한 기여를 인정받은 셈이죠.

유네스코가 다른 유엔 산하 기구와 다른 점이 있다면 바로 '국가위원회' 시스템입니다. 제가 일하는 곳도 바로 '유네스코한국위원회'예요. 유네스코는 유엔 기구 중 유일하게 회원국 내 관련 활동을 촉진시키기 위해 '유네스코 헌장' 제7조에 따라 국가위원회 제도를 갖추고 있습니다. 유네스코 관련 기관과 협력하여 자국 내의 유네스코 활동을 위한 정보 제공 및 자문은 물론 지역적·국제적인 프로그램을 수행하고 있습니다. 여러분들이 잘 알고 있는 유니세프도 한국에 '국가위원회'라는 이름을 가지고 있는데요, 성격이 조금 다릅니다. 영어 표기를 보면 확연히 알 수 있어요. 유네스코는 한국위원회를 'Korean National Commission'이라는 표현을 쓰는데 유니세프는 한국위원회를

'Korean committee'로 사용합니다. 한국어로 번역하다 보니 같은 국가위원회라고 표기하지만, 유니세프한국위원회는 민간 기구 혹은 NGO 성격이 강한 거죠. 유네스코한국위원회는 '유네스코 활동에 관한 법률'에 의해 운영되는 공직 유관 기관입니다.

유네스코 국가위원회는 전 세계적으로 199개가 있습니다. 193개 정회원국 수보다 많죠. 회원국이 아니라도 국가위원회를 만들 수 있어요. 회원국이라도 국가위원회가 없는 곳도 있습니다.

한국은 1950년 6월 14일 전쟁이 일어나기 11일 전에 유네스코에 55번째 회원국으로 가입했습니다. 그러나 가입 직후 전쟁으로 인해 실질적인 유네스코 활동을 할 수 없었습니다. 전쟁이 종료되고 우리 정부는 유네스코 활동을 펼치기 위해 유네스코 헌장에 따라 1954년 1월 30일 유네스코한국위원회Korean National Commission for UNESCO를 창립하게 됩니다. 이때 유네스코는 전쟁으로 피폐한 우리나라의 교육 재건을 위해 유엔한국재건단과 함께 약 24만 달러를 지원하여 연간 3000만 부를 발간하는 대한문교서적 인쇄 공장을 설립해 주었습니다. 유네스코한국위원회는 유네스코 이념을 국내에 전파하는 한편, 유네스코와 우리나라 정부, 국내외 유네스코 기관 및 단체 간 연계와 협력을 도모하고, 국민의 유네스코 활동참여를 촉진하기 위해 여러 가지 사업을 펼치고 있습니다.

유네스코랑 일반 국민이 무슨 상관이냐고 생각하시는 분들이 많을 텐데요, 앞서 말씀드린 '유네스코 활동에 관한 법률'을 보면, 국민은 유네스코 활동에 적극적으로 참여할 수 있고, 국가와 지방자치단체는 국민의 유네스코 활동에 재정적으로 지원을 해야 한다는 조항이 있어요.

유네스코 활동에 관한 법률

제5조 국가와 지방자치단체의 유네스코 활동: 국가와 지방자치단체는 제3조에 따른 유네스코 활동의 목표를 달성하기 위하여 스스로 유네스코 활동을 하거나 제4조 각 호에 따른 국제기구 등과의 협력 사업을 적극 지원하여야 한다. 이 경우 제7조에 따른 유네스코한국위원회와 긴밀하게 협력하여야 한다.

제6조 국민의 유네스코 활동: ①국민은 유네스코의 이념과 목표를 실현하기 위하여 스스로 유네스코 활동에 참여하거나 유네스코 활동을 적극적으로 추진할 수 있다. 이 경우 제7조에 따른 유네스코한국위원회와 긴밀하게 협력하여야 한다.
②국가와 지방자치단체는 국민의 유네스코 활동에 대하여 필요하다고 인정되는 경우 예산의 범위 안에서 재정적 지원을 하여야 한다.

현재 유네스코한국위원회는 명동에 위치하고 있는데요, 독립적인 건물이 있습니다. '유네스코 회관'으로 1967년도에 준공이 되었고, 저는 그 건물 10층에서 일하고 있습니다. 오래된 건물이지만 외형이 상당히 아름답습니다. 준공 당시 명동의 랜드마크로 주목받았으며, 지금은 흔하지만 그 당시 커튼월 건축 양식기둥이 보이지 않도록 외벽의 전체를 유리벽으로 만드는 방식을 사용했어요. 첨단 빌딩의 고속 엘리베이터에 탑승해 보려고 회관을 찾아오기도 하는 명소로도 유명했습니다.

역사성과 미래 세대에게 전달한 만한 가치를 인정받아 2015년 서울시로부터 '서울시 미래 유산'으로도 선정되었습니다. 유네스코한국위원회는 전 세계 유네스코국가위원회와 비교했을 때도 가장 큰 규모의 국가위원회입니다, 정부 기구는 아니지만 위원장은 사회부총리 겸 교육부 장관이 당연직을 맡고 있으며, 60인 이내의 위원과 사무처로 구성되어 있습니다. 중국이나 일본 같은 경우는 교육부에서 국가위원회를 운영합니다. 참고로 북한도 유네스코 회원국이에요. 1974년 가입했고 외무성에서 국가위원회를 운영합니다. 한국위원회는 관련 법률에 따라 정부 및 대표단을 꾸려서 유네스코 정책 수립에 참여하고 있는데요, 총회나 집행 이사회에 정회원국과 집행 이사국으로서 활발하게 활동을 하면서 대한민국의 입장을 전달합니다.

이상으로 유네스코의 조직과 연혁에 대해서 간단히 말씀을 드렸습니다. 이제 유네스코와 교육에 대해 말씀드릴까 합니다.

지속 가능한 교육

우리가 인권을 말할 때 빠지지 않는 게 1948년에 선포한 세계인권선언입니다. 세계대전의 상처를 딛고 우리 인류가 평화롭고 행복한 삶을 살려면 어떻게 해야 할까, 하는 고민이 담긴 선언문이죠. 유엔총회에서 이 선언문을 채택한 12월 10일은 '세계 인권의 날'입니다. 당시 58개 회원국이 85차례의 회의를 거쳐 찬성 48표로 통과시킵니다. 반대는 없었지만 기권이 8표, 불참이 두 나라였어요. 그렇다면 기권한 나라는 그 이유가 무엇이었을까요? 인권을 두루두루 보장하자는데 왜 찬성을 안 하고 기권표를 던졌을까요?

몇 나라만 볼게요. 우선 사우디아라비아가 있습니다. 인권선언에 보면 종교 및 혼인의 자유를 인정하는 부분이 있잖아요. 그런데 당시 사우디아라비아는 이걸 인정하지 않았거든요. 동의할 수가 없었던 겁니다. 또 한 군데는 남아프리카공화국입니다. 여러분도 아시다시피 공식적으로 인종차별을 하던 나라였습니다. 다른 곳은 사회주의 국가 일부도 기권합니다. 이유는 인권선언이 사유 재산의 자유를 인정하고 있기 때문이에요. 이걸 막자고 하는 게 사회주의잖아요. 동의하기가 어려웠겠지요. 하지만 이건 어디까지나 그 당시 이야기입니다. 나중에는 이 나라들도 사정이 바뀝니다. 사우디아라비아는 2011년도에 이슬람 국가 중에서 유일하게 여성의 참정권을 인정합니다. 소련 연방 해체 이후 러시아는 인권 이사회에 들어갔습니다.

세계인권선언은 인류 최초의 국제적인 인권선언이라는 의미가 있습니다. 여기서 '선언'이라는 점에 주목하면, 법률적 효력은 없다는 뜻입니다. 도덕적 구속력만을 가진 세계인권선언을 바탕으로 법적 구속력을 가진 기본적이고 보편적인 국제 인권법으로 마련된 것이 각각 '시민적·정치적 권리규약B규약' 및 '경제적·사회적·문화적 권리규약A규약'입니다. 이들 규약은 세계인권선언과 함께 일반적으로 국제인권장전International Bill of Rights으로 불리고 있습니다. 또한 국제인권협약으로는 인종차별철폐협약, 여성차별철폐협약, 고문방지협약, 아동권리협약이 있습니다. 유엔 가입국이라면 자국의 법률과 동일한 효력을 갖게 되는 겁니다.

그렇다면 유네스코는 세계인권선언과 어떤 관계가 있을까요?

1947년 유네스코에서 세계인권선언의 이론적 토대를 만들어내기 위해서 위원회를 구성합니다. 그때 참여한 사람이 모한다스 카람찬드 간디, 올더스 헉슬리 같은 분이에요. 간디는 여러분이 잘 아시는 인도의 지도자이고요. 올더스 헉슬리는 영국의 작가로 유네스코의 초대 사무총장을 지낸 줄리언 헉슬리의 동생입니다. 이런 분들의 아이디어로 생산된 리포트의 결과가 1948년 12월 10일 파리 유엔총회에서 세계인권선언 채택에 기여를 하게 되죠. 말하자면 유네스코가 세계인권선언의 기초 작업을 담당한 겁니다. 보시면 세계인권선언 26조, 27조에서 교육과 문화에 대한 권리를 말하고 있는데요. 유네스코와 직접적으로 관련된 조항이라고 보시면 됩니다. 그래서 지금도 유네스코는 유엔에서 인권교육을 주도하는 역할을 하고 있습니다. 몇 가지 대표적인 사례를 살펴보겠습니다.

우선 '생명윤리와 인권 보편선언'2005년이 있어요. 우리가 보통 '생명윤리'라고 하면 자연과학이라고 이해하잖아요. 그런데 유네스코에서 다루는 이유는 이것이 기본적으로 인권과 관련이 있다고 보기 때문입니다.

그다음이 '인간 게놈과 인권에 관한 보편선언'1997년입니다. 이것도 마찬가지로 과학 기술에 대한 인권적 차원의 접근이라고 할 수 있어요.

1978년 제20차 유네스코 총회에서 채택된 '평화와 국제 이해의 강화, 인권의 증진, 그리고 인종주의와 인종차별 정책 및 전쟁 선동의 억제에 대한 매스미디어의 공헌에 관한 기본 원칙의 선언'이라는 다소 긴 제목의 선언도 있습니다.

이 밖에도 '국제이해, 협력, 평화를 위한 교육과 인권, 기본 자유에 관한 교육 권고'1974년가 있습니다. 교육과 관련해서는 몇 가지 협약과 권고가 더 있습니다. 1960년 제11차 유네스코 총회에서 채택한 '교육상 차별 금지에 관한 협약'과 '교육상 차별 금지에 관한 권고', 그리고 '교육상 차별 금지에 관한 협약의 당사국 간에 발생하는 분쟁의 해결을 담당할 조정·중재위원회의 설립에 관한 의정서'1962년도 있습니다.

'권고'는 말 그대로 권고이지만 '협약'은 가입한 나라에 법률적 효력을 가집니다. 그래서 한국이 가입한 것도 있고 가입하지 않은 것도 있어요. 예컨대 '교육상 차별 금지에 관한 협약'에는 가입을 안 했어요. 여러 가지 사회적, 정책적 부담이 있기도 하고, 이미 여러 가지 교육 권리 보장에 관한 협약에 가입했기 때문에 많은 선진국들도 비준을 하고 있지 않은 대표적인 협약이기도 합니다.

이렇듯 유네스코는 다양한 방식을 통해 '교육'에 힘쓰고 있는데요, 1960년대 초등교육 보편화를 시작으로 '문해 교육 운동', '환경 교육' 및 '모두를 위한 교육'에 힘씁니다. 이는 2000년대 들어 '지속가능발전교육' 및 최근 '세계시민교육' 등으로 이어지고 있습니다. 유네스코에서는 1974년도에 '국제 이해, 협력, 평화를 위한 교육과 인권, 기본 자유에 관한 교육 권고'가 있었고 여기에 대한 통합적인 실천 전략들이 1990년대에 만들어집니다. 여기에 발맞춰서 유네스코한국위원회도 1990년대 말~2000년대 초까지 인권교육 사업을 적극 추진합니다. 그러다가 유엔이 2005

년부터 2014년까지 '지속가능발전교육[ESD] 10개년'을 선포하면서 유엔의 교육 전문 기구인 유네스코가 지속가능발전교육 활동을 주도적으로 담당하게 됩니다.

2015년 9월 제70차 유엔총회에서는 빈곤과 기아, 건강과 복지, 교육, 성평등, 환경 등과 관련해서 '2030년까지 해결해야 할 지구촌 과제'로 17개 목표인 '지속가능발전 목표[SDGs]'라는 새로운 글로벌 발전 의제를 채택하게 됩니다. 교육 분야의 단독 목표로 SDG4가 설정되어 '양질의 교육' 목표로 채택되었습니다. SDG4는 "포용적이고 공평한 양질의 교육 보장 및 모두를 위한 평생학습 기회 증진"이라는 목표로 그 아래 10개의 세부 목표를 두고 있는데 다음과 같습니다.

세부 목표 4.1

2030년까지 모든 여아와 남아가 적절하고 효과적인 학습 성과를 거둘 수 있도록 공평한 양질의 무상 초등교육과 중등교육의 이수를 보장한다.

세부 목표 4.2

2030년까지 모든 여아와 남아에게 양질의 영유아 발달, 보육, 및 취학 전 교육에 대한 접근을 보장하여, 이들이 초등교육을 준비할 수 있도록 한다.

세부 목표 4.3

2030년까지 모든 여성과 남성에게 적정 비용의 양질의 기술 교육, 직업교육 및 대학을 포함한 고등교육에 대한 평등한 접근을 보장한다.

세부 목표 4.4

2030년까지 취업, 양질의 일자리, 창업 활동에 필요한 전문, 직업 기술 등 적합한 기술을 지닌 청년과 성인의 수를 실질적으로 늘린다.

세부 목표 4.5

2030년까지 교육에서의 성불평등을 해소하고, 장애인, 선주민, 취약한 상황에 처한 아동을 포함한 취약 계층이 모든 수준의 교육과 직업훈련에 평등하게 접근할 수 있도록 한다.

세부 목표 4.6

2030년까지 모든 청소년과 상당수 성인 남녀의 문해력과 수리력 성취를 보장한다.

세부 목표 4.7

2030년까지 모든 학습자들이 지속가능발전 및 지속가능 생활 방식, 인권, 성평등, 평화와 비폭력 문화 증진, 세계시민 의식, 문화 다양성 및 지속가능발전을 위한 문화의 기여에 대한 교육을 통해, 지속가능발전을 증진하기 위해 필요한 지식 및 기술 습득을 보장한다.

세부 목표 4.a

아동, 장애인, 성차를 고려한 교육 시설을 건립하고 개선하며, 모두를 위한 안전하고, 비폭력적이며, 포용적이고 효과적인 학습 환경을 제공한다.

세부 목표 4.b

2020년까지 전 세계적으로 개발도상국, 특히 최빈국, 군소도서 개발도상국, 아프리카 국가 등이 선진국이나 기타 개발도상국의 직업훈련, 정보통신기술ICT, 과학기술 및 공학 분야를 포함한 고등교육에 등록하도록 지원하는 장학금을 실질적으로 확대한다.

세부 목표 4.c

2030년까지 개발도상국, 특히 최빈국 및 군소도서 개발도상국에서 교사 훈련을 위한 국제협력 등을 통해 자격을 갖춘 교사 공급을 실질적으로 늘린다.

- 유네스코한국위원회, 문답으로 풀어보는 지속가능발전목표(SDG) 4 - 교육 2030 (개정본)(2018)에서 인용함.

세부 목표는 분야 및 주제별로 다르지만 SDG4 목표의 핵심적 특징으로는 형평성, 포용성, 지속 가능성, 인권이라는 가치가 담겨 있습니다. 여기에 발맞춰 유네스코는 2015년 11월 유네스코 총회에서 '교육2030 인천선언과 실행 계획Framework for Action'이라는 실행 지침서를 승인하고 모든 회원국이 SDG4 목표 달성을 위해 노력할 것을 촉구했습니다. 현재 한국은 SDG4 국내 이행을 위해 교육부가 국가 조정관으로, 유네스코한국위원회가 사무총괄 기관을 맡고 국내 교육 유관 기관과의 협의체를 통해 이행을 하고 있으며 학계, 전문가, 시민사회 등과의 협력을 도모하고 있습니다.

저는 여기서 특히 4.7을 눈여겨보아야 한다고 말씀드리고 싶어요. 제가 보기에는 가장 어려운 목표입니다. 4.1의 기초 교육 같은 경우 한국은 거의 목표 달성을 했다고 볼 수 있습니다. 소위 말하는 선진국들이 다 그렇습니다. 하지만 4.7을 보면 어때요, "지속가능발전 및 인권, 성평등, 평화와 비폭력 문화 등을 증진하기 위해 필요한 지식 및 기술 습득을 보장한다." 유네스코가 지향하는 교육 가치를 모두 포괄적으로 담고 있어요. 앞으로도 이행을 위한 노력과 어떻게 모니터링할지에 대해 지속적으로 고민해야 할 부분입니다. 지금까지 유네스코와 교육에 대해 이야기를 나누었습니다. 이제부터 범위를 좁혀서 인권과 교육에 대해 말씀드릴까 합니다.

학교라는 희망

20년 전 일입니다. 당시 인권연대에서 우리 위원회와 함께 실시한 교사 인권 연수 때였습니다. 교사들이 참여하는 연수인데, 고등학교 3학년 학생이 어머니를 따라 강의를 들으러 왔습니다. 교사이신 어머님과 함께 자발적으로 인권교육 연수에 참가한 학생이 참 대견스러웠고, 선생님들과의 인권 주제 논의에도 적극적으로 참여하여 자신의 의견을 잘 표현했어요. 인권 이야기를 하다가 두발 단속에 대한 문제가 나왔습니다. 그때 그 학생이 자신의 경험을 얘기하면서, 아이들이 파마를 하든, 염색을 하든 그냥 두라고 해요. 호기심에 자기도 해봤지만 나중에는 자신의 의지에 따라 아이들이 스스로 판단한다는 것입니다. 어른들이 강제적으로 의지를 변화시키려 할 때 학생은 반발이 심해지고, 자신의 권리가 받아들여지지 않는다는 것에 실망한다는 것이죠. 지금은 당연한 얘기지만 자녀와 부모 간에 상호 의견을 존중해주고, 학생도 부모 앞에서 당당하게 자신의 권리를 주장하는 모습에 흐뭇했습니다. 어쨌든 그때 인권이 이처럼 가정 내에서 자연스럽게 이야기되면 정말 효과가 크겠다는 생각이 들었습니다. 그 학생은 장래 희망이 교사라고 했는데요, 아마 지금쯤 그 꿈을 이루었을지도 모릅니다.

혹시 이 자리에 계신 분 중에 결혼해서 가정을 꾸린 분이 계실까요? 가족끼리 인권에 대해서 밥을 먹거나 차 한잔하다가 이야기를 하신 적 있으세요? 아무래도 좀 쑥스럽죠. 보통은 조용합니다. 말이 없죠. 그러다 학교 얘기, 성적 얘기 하면서 갈등이 시작되고요. (웃음) 그런 상황에서 "인권이란 말이야." 하면서 말 꺼내기란 정말 어렵습니다. 그렇다면 우리 아이들에게 어떻게 인권을 가르쳐야 할까, 가장 밀접한 관계인 가족조차 나누기 힘든 주제구나, 하는 생각에 답답한 마음이 듭니다. 그래서 저는 오늘 인권교육에 대해 가급적 내 문제, 나와 가장 가까운 사람들과 풀어가야 할 문제라는 관점에서 말씀을 드리고 싶습니다. 유엔 시스템 내에서 인권교육은 유네스코가 주도하고 있어요. 인권 및 인권 존중에 관한 교육은 모든 개개인의 마음속에 평화의 문화와 기본 요소들을 심어줄 수 있습니다. 유네스코는 주로 학교 현장, 교사와 학생 중심 교육에서 이러한 가치를 찾습니다.

유네스코 헌장1945년에 다음과 같은 문구가 나옵니다.

> "모두를 위한 교육 기회의 전면적이고 평등한 보장"full and equal opportunities for education for all

세계인권선언 제26조 1을 보면 다음과 같은 말이 나오고요.

"모든 사람은 교육을 받을 권리를 가진다."

"교육은 최소한 초등 기초 단계에서는 무상이어야 한다."

"초등교육은 의무적이어야 한다."

"기술교육과 직업교육은 일반적으로 이용할 수 있어야 하며, 고등교육도 능력에 따라 모든 사람에게 평등하게 개방되어야 한다."

이러한 가치들을 실현하기 위해 유엔 인권교육 10개년 사업1995~2004년을 세우고 세계인권선언 50주년을 기념하여 '인권교육 지침서'1998년를 발간했는데요, 이 지침서에 보면 학생들을 교육의 중심에 놓고서 그들 스스로 사고하도록 자극을 불어넣고 능동적인 방법을 통해 인권교육을 접근해야 한다는 것입니다. 가르치는 사람이 아니라 실제로 인권을 이해하고 보장해야 할 대상인 학생들이 교육의 중심이라는 것이죠.

이 지침서는 구체적 교육 방안으로 세 가지 큰 틀을 제시합니다. 학습·지식·개념, 교육 실천과 학제 간 프로젝트, 가치에 관한 토론이 바로 그것인데요. '학습·지식·개념'이란 세계인권선언, 아동의 권리에 관한 협약 원칙 등을 이해하는 것입니다. '교육 실천과 학제 간 프로젝트'라는 것은 말 그대로 과목 간 연계, 다양한 활동과 행사 개최, 프로젝트에 바탕을 둔 실습, 창작하는 연극 활동, 토의와 협동이 요구되는 놀이를 활용하는 것입니다. 마지막으로 '가치에 관한 토론'은 세계인권선언에서 주창한 가치에 대해 토론하면서 서로 의견을 공유하는 것을 말해요. 그러면서 자신의 생각을 가다듬을 수 있겠지요. 인권교육에서는 이러한 토론이 매우 중요합니다.

제가 독일을 한번 방문할 기회가 있었는데 그때 베를린 자유대학에 계신 한국인 교수님을 만났습니다. 이분이 대화 도중에 민주주의는 '타협해 나가는 과정'이라는 말씀을 하셨습니다. 처음에는 '타협'이라는 단어가 주는 뉘앙스와 민주주의를 어떻게 연결할지에 대한 고민을 하게 되었습니다. 우리는 보통 민주주의 하면 싸워서 얻어내는 것, 쟁취하는 것 같은 이미지가 있잖아요. 워낙 독재의 역사가 깊기 때문이겠지요. 그래서 타협, 하면 조금 부정적인 느낌이 있습니다. 우리나라에서 '타협'이라는 말을 제일 많이 쓰는 사람들이 정치인이잖아요. 이를 보는 국민들의 눈이 곱지 않습니다. 뭔가 자기들끼리 쑥덕쑥덕해서 결론을 내리는 것 같잖아요. 어쨌든 그런 상황에서 이 교수님이 '타협'을 강조하니까, 처음엔 조금 당황스럽더군요. 그래서 이야기를 계속 들어봤죠.

이분 말씀이 독일 민주주의에서 타협은 기본이라고 합니다. 사람이 어떤 사안을 두고 의견이 다 다를 수 있잖아요. 내가 의견을 내면 다른 사람도 의견을 내죠. 열 명이면 열 개의 의견이 나올 수 있습니다. 이렇게 서로 다른 것에서 공통적인 것을 만들고 서로 주고받으면서 만들어내는 것이 바로 타협이라는 거예요. 그리고 타협을 통해 한번 정해진 것을 지키는 것, 약속을 지키고 실천하는 것이 바로 민주주의라는 거죠.

어때요, 여러분. 고개가 끄덕여지죠. 민주주의 사회에서 우리는 상호 약속을 지키고 책임을 이행하고, 나의 권리만큼의 의무를 가집니다. 이때 의견 충돌과 이해관계가 부딪힐 수 있습니다. '타협'이란 그 사이의 접점을 찾고 최선의 결론을 내리는 과정이라고 저는 이해했습니다. 제가 왜 '타협'에 대해 말씀을 드리느냐 하면 우리가 인권교육을 할 때 토론이 중요하다고 했잖아요. 그런데 토론에서 각자 자기 할 말만 하고 끝낸다면 얻을 수 있는 게 없겠죠. 자기 생각을 가다듬는 토론에서는 무엇보다도 상대의 생각을 받아들이는 자세가 필요합니다. 넓은 관점에서 보면 이것은 서로의 차이를 인정하고 다양성을 인정하는 것이죠. 이 또한 유네스코의 중요한 가치입니다.

우리가 개념 학습은 굉장히 잘하잖아요. 그러나 이것은 별개의 문제입니다. 어떤 사람이 인권 개념을 잘 이해하고 있다고 해서 일상에서 인권을 잘 실천할 수 있다고 말하기는 어렵습니다. 인권은 주입식, 암기식으로 배울 수 없습니다. 세계인권선언을 줄줄이 외울 수는 있겠지만 생명권과 신체의 자유, 안전을 누릴 권리, 이런 것들이 어떤 의미를 갖고 있는지, 나와 무슨 관계인지 알기는 어렵습니다. 그래서 토론이야말로 인권교육을 위한 효과적인 교육 방법이라고 생각합니다.

'학제 간 프로젝트'도 적용해볼 만합니다. 요즘 융합, 통합, 이런 말들이 유행하잖아요. 이를 인권교육에 적용하는 거라고 보시면 됩니다. 예를 들어 저희가 음악을 한다, 또는 미술을 한다고 하면 이를 어떻게 인권과 연결 지을 것인가를 고민하자는 거예요. 어떤 방법이 있을까요?

어렵지 않겠죠. 인권선언에 나오는 다양한 가치와 지향점을 그림으로 표현해볼 수 있고, 인권에 관련된 그림을 보며 논의할 수도 있습니다. 음악 시간이라면 노래를 만들 수도 있고 역사적으로 인권 수호와 관련된 음악을 통해 그 의미를 새겨볼 수도 있겠죠. 자기 안에 있는 생각들을 다양한 방식으로 표출하는 겁니다. 그러면서 인권에 대한 풍부한 이해가 생긴다고 봅니다.

수학 시간이라면 전 세계에서 글을 읽고 쓰지 못하는 사람들, 교육 용어로 '비문해자'라고 하는데요, 이러한 비율이 전 세계적으로 어떻게 국가별로, 지역별로 분포되어 있는지 등도 통계와 연결 지어 배울 수도 있습니다. 직접적으로 수학적 개념을 익히는 데는 도움이 되지 않겠지만, 자연스럽게 우리 사회의 교육 문제와 교육권에 대해 환기시킬 수 있을 거예요. 다른 과목에서도 학습 자료를 만들 때도 이런 식으로 활용할 수 있다고 봅니다.

자, 그래서 지금까지는 인권교육과 관련해서 유네스코에서 실시하고 있는 다양한 프로그램과 방법들을 살펴보았습니다. 그럼

다음으로는 시야를 좀 더 넓혀서 전 지구적 차원에서 어떻게 교육을 통해 인권의 가치를 실현할 것인가에 대해 말씀드리겠습니다.

교육은 인권이다

국제기구인 유네스코는 지구촌의 교육 환경에 관심이 많습니다. 우리가 지금껏 인권교육을 어떻게 할 것인가에 관심을 두고 이야기를 나누고 있지만 어떤 나라는 교육 자체가 인권의 실천입니다. 유네스코도 이를 잘 알고 있습니다. '국제 이해, 협력, 평화를 위한 교육과 인권, 기본 자유에 관한 교육 권고'1974년를 보면 다음과 같은 내용이 나와 있어요.

> 1조 (나)항 '국제 이해', '협력' 및 '평화'는 분리될 수 없는 전체로서, 사회적, 정치적 제도가 서로 다른 민족과 국가 간 우호주의와 인권 및 기본 자유의 존중을 토대로 하는 것이라고 간주할 수 있다.
>
> 3조 유엔 헌장, 유네스코 헌장, 세계인권선언, 그중에서도 특히 세계인권선언 제26조 2항, "교육은 인권의 완전한 발전과

인권 및 기본적 자유에 대한 존중의 강화를 목표로 하여야 한다. 교육은 모든 국가, 인종 또는 종교 집단 간에 있어서 이해와 관용과 친선을 증진시키고 평화를 유지하기 위한 유엔의 활동을 촉진시켜야 한다"에 명시한 목적과 의도를 교육에 불어넣어야 한다.

18조 교육은 인간 생존과 복지에 영향을 미치는 모든 주요 문제를 굳히고 악화하는 상황-불평등, 불의 또는 무력 사용을 토대로 한 국제 관계-을 근절하고, 또한 그러한 문제를 해결하는 데 도움이 될 수 있는 국제적 협력 수단을 모색해야 한다.

그렇다면 전 세계의 교육 현실을 어떻게 알 수 있을까요? 전문가들이 1974년의 권고안을 바탕으로 모니터링을 위한 여러 지표들을 개발하고 있어요. 각 나라별로 통계를 내고 모니터링을 위해 필요한 작업을 합니다.

우리나라는 학령기의 아동이 학교에 가고 싶은데 못 가는 경우가 없죠. 다만 아이들이 가기 싫어합니다. (웃음) 그래도 안 가면 큰일 난다고 생각합니다. 싫든 좋든 학교에 가는 걸 당연하게 생각해요. 혹시 이 자리에 계신 분들 중에 '내가 왜 학교에 가야 해?' 이런 질문 던져보신 적 있어요? 아마 많지 않을 겁니다. 그런데 이상하지 않아요? 왜 우리는 그런 질문을 한 번도 안 해봤을까요? 저도 그래요. 만약 누가 왜 학교에 가야 해요? 하고 묻는다면 여러분은 어떻게 답하시겠습니까? 보통은 "에이 녀석, 당연히 가야지." 하고 이야기할 거예요.

우리나라 최고 고등교육 기관인 대학은 또 어떤가요. 요즘은 대학 진학이 당연시되고 있어요. 물론 서열화되어 있어서 문제이긴 합니다만, 그런 걸 안 따진다면 어떻게든 대학을 갈 수 있습니다. 지금 수험생보다 대학 정원이 더 많습니다. 다른 나라들은 사정이 다릅니다. 공부를 하고 싶어도 학교에 못 가는 아이들이 너무 많아요. 학교에 가더라도 중도에 학업을 포기합니다. 경제적으로 가난한 지역, 분쟁 지역 등이 그래요. 우리나라도 예전에는 그랬습니다. 우리나라에서는 당연히 가야 되는 학교에 오늘날 2억 6400만의 아동 및 청소년들이 학교를 다니지 못하고 있으며 이는 우리 모두가 해결해야 할 문제입니다세계 교육 현황 보고서, 2018년.

유네스코는 이런 교육 불평등을 극복하기 위해 다양한 사업을 하고 있습니다. 성과도 있었지요. 초등학교 진학률은 좋아졌습니다. 그런데 문제는 이게 지속되지 못한다는 거예요. 일단 학교에 가기는 하는데, 이런저런 이유로 중도 탈락합니다. 또 하나 우리가 생각해 보아야 할 게 '교육의 질'입니다. 학교에 가서 어떤 것을 배우고 어떠한 방법으로 포용적이고 공평하게 교육을 받느냐를 따져봐야 합니다. 양질의 교육을 받아야 합니다.

교육 기회의 불평등을 극복하고 우리가 지향해야 할 교육의 방향은 무엇인가요? 전 세계적으로 교육 현실은 어떨까요? 왜 우리가 학교에 가는지, 왜 교육을 받아야 하는지에 대한 전 세계의 교육 환경을 한번 살펴보도록 할까요?

제가 동영상을 하나 가지고 왔는데요. 정지 화면을 보니 성인 남자가 어린 여자아이의 팔을 잡아끌고 있네요. 그 아이를 놓치지 않으려고 뒤로 줄줄이 아이들이 허리를 끌어안고 있습니다. 이건 무슨 장면일까요? (청중: "줄다리기요.")

네, 보통은 그렇게 생각하실 텐데요. 영상을 계속 보도록 할게요. 지금 보고 계시는 건 인도의 광고입니다. 원래 광고를 위한 영상이었지만, 교육의 중요성, 특히 소녀 교육의 중요성을 알 수 있는 동영상입니다. 딸아이가 학교에서 공부를 하고 있는데 아버지가 강제로 데려가는 장면입니다. 선생님이 뛰어나와서 항의하니까 집안일에 참견 말라며 큰소리를 칩니다. 친구들이 달려나와서 아버지에게 끌려가는 소녀의 허리를 또래 친구들이 잡고 아버지와 줄다리기를 합니다. 제발 함께 공부할 수 있게 해달라고.

이 아버지는 왜 딸을 데려가려고 할까요? (청중: "여자라서.") 네, 그렇습니다. 과거 우리나라도 '여자는 배워서 뭐 하느냐?'며 학교에 안 보냈죠. 인도를 포함한 전 세계 많은 나라들이 지금 그렇습니다. 뿌리 깊은 성차별이 교육의 불평등을 초래하고 있어요.

이런 인식을 개선하고 성별과 상관없이 누구나 교육받을 권리가 있다는 점을 보여주는 영상이었습니다. 인도를 비롯한 많은 나라에서 여성과 여아는 교육에서의 취약 계층입니다.

만약 저 소녀가 학교를 계속 다닌다면 어떨까요, 소녀의 미래는 달라질 것입니다. 이건 개인의 문제가 아닙니다. 더 많은 여성들이 교육을 받고 사회에 진출한다면 그 나라, 그 사회가 훨씬 발전할 거라는 점은 따로 말씀을 안 드려도 알 수 있겠지요. 유네스코는 모든 사업과 프로그램에서 여성과 아프리카를 우선 목표로 두고 있습니다.

제가 최근 3년 동안 아프리카 개도국 교육 협력 사업을 담당한 적이 있는데, 문해율이 전 세계적으로도 낮은 아프리카 사하라 이남 지역의 국가들을 방문한 적이 있습니다. 그중 말라위라는 나라에서 있었던 일입니다. 아프리카 동남부에 있는 인구 2000만 명이 안 되는 작은 나라예요. 1인당 GDP가 338불2017년 세계은행 기준인 그곳에서 열여섯 살 된 여학생에게 왜 공부를 하고 싶은지 물었습니다. 그런데 이 여학생의 대답이 '나 자신을 지키고 싶어서'였어요. 그 순간 많은 생각이 들었습니다. 그런데 같은 대답을 다른 장소에서 또 들었습니다.

한국에 있는 유네스코 학교 중 경기도에 있는 여고를 방문한 적이 있습니다. 아프리카 개도국 교육 지원 사업을 소개하면서, 관심 있게 듣고 있던 고등학교 1학년 여학생에게 똑같은 질문을 했습니다. 그리고 학교에 다니는 이유를 물었더니 이 여학생도 자신을 지키고 싶다는 대답이 돌아옵니다. 이 학생은 아프리카 개발 협력 분야에서 일하기 위해 대학에서 관련 공부를 하고 싶다고 했습니다. 목표를 세운 이 학생은 벌써 대학에 입학했고, 관련 공부를 열심히 하면서 전문성을 키우고 있습니다.

저는 생각했습니다. 이 아이들에게는 배움이 곧 생존이구나, 하고 말이죠. 교육은 인간다운 삶을 누릴 수 있게 하고, 이러한 교육을 받을 수 있는 것은 우리의 권리 즉, '인권'입니다. 이미 많은 교육의 기회를 누리고 있는 우리가 그런 측면을 많이 놓치고 있는 것 같습니다. 좋은 직장에 다니고 좋은 아파트에 살려고 배우는 게 정답이 아니잖아요. 우리에게 교육이란 무엇인가 하는 질문을 던져보게 되었어요. 우리는 누구든 중학교까지 의무교육을 받을 권리가 있잖아요. 고등학교도 머지않아 의무교육이 될 것이고요. 아이러니하게도 그러면서 교육이 인권이라는 인식이 옅어지고 있는 건 아닌가 하는 생각이 들었습니다.

경제적으로 빈곤한 아프리카 지역의 아이들은 중간에 학업을 그만두는 경우가 매우 많습니다. 한가롭게 학교에 앉아 있을 수가 없어요. 먹고살려면 아이들도 돈을 벌어야 합니다. 분쟁 지역도 그렇습니다. 포탄이 날아다니는 상황에서 안전하게 교육을 받을 장소가 없어요. 최근 국제 문제가 되고 있는 난민도 그렇습니다. 생활의 근거지가 없는 상황에서 학교는 언감생심이에요.

일찌감치 위험에 노출되다 보니 장애를 가진 아이들도 많습니다. 이 친구들은 학교에 가는 일 자체가 불가능해요. 지금은 남의 일처럼 여기지만 불과 70여 년 전 한국 전쟁 시기에 우리도 겪었던 일입니다.

제가 유네스코한국위원회에 있으면서 아프리카 교육 지원 사업에도 참여했지만 아시아 교육지원 사업도 하면서 몇 곳을 방문했습니다. 앞서 말씀드린 동영상의 배경인 인도나 파키스탄 지역은 비문해율이 높습니다. 즉, 글을 읽고 쓸 수 없는 사람들이 많아요. 여성은 교육에서 아예 배제되어 있어요. 그래서 유네스코한국위원회는 여성들이 교육을 받을 수 있는 문해교육센터를 만들고 그곳에서 문해 교육을 지원합니다. 인도 바라나시 지역 학습센터에서 공부하는 학생 중에 잘리나라는 여성이 있었습니다. 여성이라는 이유만으로 아버지로부터 교육받을 기회를 박탈당했는데요, 집안의 반대를 무릅쓰고 우리 위원회가 제공한 문해교육센터까지 와서 공부를 하다가 대학까지 마쳤습니다. 잘리나는 문해교육센터에서 공부하면서 사회복지사가 되고 싶다는 꿈을 갖게 되었습니다. 그리고 그 꿈을 이루죠. 지금은 배움을 마치고 고향으로 돌아가 자신과 비슷한 처지의 여성들을 교육하는 일을 하고 있습니다.

결론적으로 저는 교육은 그 자체로 인권이라는 점을 다시 한 번 강조하고 싶습니다. 세계인권선언 제26조는 “모든 사람은 교육을 받을 권리를 가진다"라고 말하고 있어요. 우리에겐 너무나도 당연하게 받아들여져서 이것이 인권이라는 생각조차 안 하게 됩니다.

교육은 우리의 삶을 바꿉니다. 한 사람이 학교 교육을 1년 더 받을 경우 미래에 받게 되는 개인 소득이 10퍼센트 올라가는 효과가 발생한다고 합니다세계 EFA(모두를 위한 교육 현황 보고서), 2009년. 실제로 빈곤 탈출이나 사회 경제적인 발전과 깊은 관계가 있음을 알 수 있습니다. 특히 어머니가 글을 읽을 경우에 그 아이가 5세 이상까지 살 가능성이 50퍼센트나 증가한다는 내용이 있습니다. 데이터에 근거한 수치이지만 충분히 납득이 됩니다. 또한 부모가 교육을 받았을 경우 자녀 또한 교육을 받을 기회가 높아집니다. 만약 아이가 아픈데 글을 읽을 수 없다면 어떻게 되겠어요. 병원에 찾아가기도 어렵고 어떤 병에 든 액체가 약인지, 독인지도 알 수 없어 어린 자식을 죽일 수도 있습니다.

교육은 생존입니다. 제가 네팔에 갔을 때 작은 에피소드가 있어요. 화장실이 급한데 두 개의 문이 있었습니다. 분명히 둘 중의 한 곳이 여자 화장실이었지만, 어디로 들어가야 할지 몰라서 한참을 서 있다가 도움을 받은 적이 있습니다. 저도 거기서는 비문해자였던 것입니다. 만약 화장실이 아니라 정말 급박한 상황이었을 때 그런 일이 생긴다면 위험해질 수도 있었겠지요.

교육은 한 사회를 변화시킵니다. 민주주의에 대한 이해와 권리 의식, 정치 참여 등도 교육을 통해 향상됩니다. 인종에 대한 배타성이나 성차별도 바른 교육으로 해소할 수 있습니다.

2015년에 국제연합에서 설문조사가 있었습니다. '마이월드'www.myworld2015.org라는 사이트에 접속해서 '나와 나의 가족에게 정말 중요한 것'을 여섯 개 꼽아보라고 하는 설문이었습니다. 국제개발에서의 글로벌 의제에 대한 전 세계 의견을 수렴하는 것이었는데요, '더 나은 직업 기회', '범죄 및 폭력으로부터의 보호', '정치적 자유', '강과 바다, 숲의 보호' 등 총 열여섯 개입니다. 결과를 보니까 '더 좋은 교육'이 66퍼센트로 가장 많은 선택을 받았습니다. 전 세계 사람들이 교육을 가장 중요한 삶의 조건으로 꼽은 거예요. 어쩌면 좋은 교육을 통해 다른 목표들을 달성할 수 있을 것이라는 희망도 있었겠죠.

마지막으로 파키스탄 여성인 말랄라 유사프자이의 연설 일부를 인용하면서 강의를 마치고자 합니다. 말랄라는 어린이와 청소년에 대한 억압과 어린이의 교육권 쟁취를 위한 투쟁에 대한 기여를 인정받아 2014년 노벨 평화상을 수상했는데요, 최연소 노벨 평화상 수상자이기도 합니다. 소녀들의 교육을 증진하는 것은 사회를 보다 더 공정하고 포용적으로 변화시키는 가장 강력한 긍정의 힘으로써, 유네스코 사업과 프로그램의 우선 분야입니다. 이를 위해 유네스코와 파키스탄 정부가 말랄라 재단을 만들기도 했습니다. 말랄라는 2009년 열한 살 나이에 교육을 위한 캠페인을 시작하면서 전 세계 언론의 주목을 받았습니다. 열두 살 때 영국 BBC 우르두어 홈페이지에 익명으로 여성의 교육을 막는 탈레반을 비판하는 글을 썼다가 신분이 노출되면서, 탈레반 무장대원의 총격을 받아 의식불명 상태에 빠졌지만, 기적적으로 살아났어요. 말랄라는 CNN과의 인터뷰에서 다음과 같이 말합니다. "나는 말하고, 공부하고, 노래하고 돌아다닐 권리가 있으며, 교육받고 의사 표현할 권리가 있습니다."

그리고 2013년 7월 12일 열여섯의 나이로 유엔에서 여성과 어린이의 인권과 교육에 관한 연설을 합니다. 그녀는 다음과 같이 말합니다. "우리는 빈곤과 부정, 그리고 무지로부터 고통받고 있는 수백만 명의 사람들을 잊어서는 안 됩니다. 또한 교육받지 못하고 있는 아이들을 잊어서는 안 됩니다. 가장 강한 무기인 책과 펜을 들고 문맹과 빈곤, 테러와 맞서 싸워야 합니다. 한 명의 아이, 한 명의 선생님, 한 권의 책, 한 자루의 펜이 세계를 변화시킬 수 있습니다. 교육만이 유일한 해결책입니다."

저는 이 연설을 들으면서 배움이 누군가에게는 절실한 희망이라는 사실을 깨달았습니다. 교육이 인권을 배우는 수단이자 인권 그 자체라는 점을 말씀드리면서 강의를 마치겠습니다. 고맙습니다.

질의응답

청중 요즘 4차 혁명 이야기가 많습니다. 과학 기술의 발전이 인류 사회를 크게 뒤바꿀 거라는 점에는 동의하는데요. 다만 인공 지능이나 빅 데이터 같은 기술들이 인권적 관점에서 문제가 될 수도 있다고 생각해요. 예를 들어 일자리가 줄고 사생활이 침해받을 수도 있잖아요. 이런 상황을 어떻게 대비해야 할까요?

서현숙 유네스코도 과학 기술이 가져올 미래의 변화에 관심을 기울이고 있습니다. 다만, 산업적 관점과는 차이가 있어요. 유네스코는 '가치'를 이야기합니다. 4차 혁명이 얼마나 많은 부를 가져올지, 그 과정에서 어떤 위기가 생길지 하는 구체적인 이야기보다 그러한 변화가 우리가 추구하는 인권적 가치에 부합하는지를 생각해요. 그래서 관련 토론을 주최하기도 하고 교육 자료를 만들기도 하지요. 다만 회원국들의 지원으로 운영되는 국제기구라는 속성상 한계는 있습니다. 나라마다 입장이 다르거든요. 그래서 합의 가능한 부분들을 추리고 이를 각 회원국들에게 알려 정책에 반영할 수 있도록 애쓰고 있습니다.

청중 나라마다 정치적 상황이 다를 텐데요, 영향을 많이 받나요? 예컨대 보수 정권이 들어섰을 때 유네스코의 활동도 위축되고 그러는지요.

서현숙 크게 영향을 받지는 않아요. 다만 정부에서 유네스코에 이러이러한 부분에 힘써달라고 요청할 수는 있겠지요. 예컨대 유네스코가 세계 평화를 추구하잖아요. 한반도 평화 정착을 위해 노력하는 우리 정부와 발을 맞출 수 있다고 봅니다. 보수냐 진보냐를 떠나서 국제 협력은 큰 흐름이에요. 더구나 우리나라의 국제적인 위상이 커졌습니다. 그래서 좀 더 유네스코 활동에도 적극적으로 참여해야 한다고 생각해요. 전 세계가 하나로 묶이면서 한 나라의 지역적 이슈가 글로벌 이슈가 될 수 있으므로, 서로 영향을 주고받습니다. 이제 한 나라 안에서 해결할 수 없는 문제가 많아졌다고 볼 수 있습니다. 공동의 노력과 힘이 필요한 때입니다. 우리의 문제가 지구촌의 문제이기도 하기 때문이죠. 이런 점에서 공동의 노력이 필요한 지구촌 과제를 해결하기 위해 유네스코가 앞으로도 많은 역할을 할 수 있기를 기대합니다.

6강. 세계화 시대의 청소년 국제이해교육

김민 | 순천향대학교 청소년교육상담학과 교수

김민(순천향대학교 청소년교육상담학과 교수)

유네스코한국위원회에서 일하다 1997년부터 대학 강단으로 자리를 옮겼다. 2009년부터 외교통상부 산하 한국국제협력단(KOICA) 공적개발지원(ODA) 사업인 팔레스타인 헤브론시 초등학교와 청소년센터 건립 사업의 프로젝트 매니저로 일했고 청소년센터 및 학교 운영 활성화 지원을 위해 2013년 1년간 학과 학생들과 헤브론에서 산 적이 있다. 2014년부터 2018년 12월까지는 팔레스타인 제닌시 청소년센터 건립 사업에 프로젝트 컨설턴트로 참여했다. 최근에는 국제 난민 아동 및 청소년의 권리에 초점을 맞춰 아프리카와 남아시아 분쟁 및 내전 지역에 관심을 갖고 있다. 현재는 순천향대학교 청소년교육상담학과 교수로 재직 중이다.

6강
세계화 시대의 청소년 국제이해교육

안녕하세요, 김민이라고 합니다. 오늘 여러분과 청소년 국제교류와 청소년 국제이해교육에 관한 이야기를 나누려고 합니다. 저는 지금 대학에 있지만 유네스코한국위원회에서 근무할 당시 청소년 국제교류를 담당한 적이 있었습니다. 지금도 그쪽 일을 계속하고 있습니다. 여성가족부 산하 한국청소년활동진흥원에서 매년 외국의 청소년 지도자들이 한국을 방문하는데 그때마다 우리나라 청소년 정책을 강의를 통해 소개하고 있습니다. 또 국가간 청소년 교류로 파견을 나가는 우리나라 청소년 대표들에게 담당 지도교수 형태로 지원을 해주는 역할을 하고 있습니다. 대학에서도 비슷한 역할을 하는데, 2018년 12월에는 우리 대학 학과 학생들과 함께 네팔 청년 공동체와 교류하기 위해 네팔에 갔다 엊그제 돌아왔습니다. '돌포dolpo'라고 하는 지역인데 네팔에서도 한참 오지예요. 카트만두에서 가는데 8일이 꼬박 걸립니다. 히말라야 산맥을 넘고 물 건너 한참을 가야 하는데 그곳에다 학교를 짓고 현지에서 교육 운동을 하는 네팔 청년들과 열흘을 함께 지냈어요. 외국의 원조 없이 네팔 사람들이 직접 힘과 뜻을 모아 교육 운동을 하는 모임이라 그런지 더욱 의미가 있었습니다. 학생들도 참 많은 자극을 받고 왔습니다. 국제교류가 갖는 힘은 바로 그런 것 같습니다. 기대한 것 이상의 긍정적 자극과 힘. 그런 힘이 바로 국제교류가 참여자들에게 주는 힘인 것 같아요.

국제개발협력의 역사

팔레스타인 교육 지원 활동은 2009년부터 이번 2018년 12월까지 만 10년을 했습니다. 그동안 팔레스타인 자치지역 내 헤브론시와 제닌시에 학교 1개소와 청소년센터 2개 기관을 건립하고 운영을 지원했어요. 방학 때마다 팔레스타인에서 살다시피 했습니다. 이제야 비로소 일을 마치고 한국의 겨울을 10년 만에 만끽하고 있습니다.

통상 한국 사회에서는 국제교류라는 말을 많이 쓰는데, 오늘은 좀 더 포괄적인 의미를 담고 있는 '국제개발협력'이라는 개념도 틈틈이 사용하게 될 겁니다. 사실 이 개념을 사용하는 데에는 저개발 국가를 지원하는 일에 우리가 좀 더 적극적으로 참여하고 생각해 보자는 취지도 있습니다. 그럼 본론으로 들어가서 국제개발협력이란 무엇인지 한번 살펴보도록 하겠습니다.

여러분, 국제개발협력에서 가장 큰 어려움, 이른바 장애 요인은 무엇일까요? 여러 가지가 있을 겁니다. 일단 지원해야 할 예산이 있어야 할 겁니다. 전문 인력도 필요합니다. 구체적인 프로그램도 준비되어야 하고요. 그런데 실제로 우리가 국제개발협력을 할 때 가장 큰 난제는 바로 시간, 곧 '타이밍'입니다. 꼭 필요할 때 지원해야 효과가 있기 때문입니다.

제가 국제개발협력 실무 인력을 대상으로 교육을 할 때 항상 강조하는 게 있습니다. 우선 불평등한 현실에 대한 뚜렷한 이해와 이를 개선해야 할 실천적 의지와 행동이 필요하다는 점입니다. 한 나라 안의 빈부격차도 문제지만 지구촌 안에서의 국가 간 빈부격차도 심각하기 때문입니다. 이를 충분히 숙지하고 실천으로 옮기는 힘을 기르는 것이야말로 지구촌 빈부격차를 해소하는 국제개발협력의 핵심 목표이기도 합니다.

그다음 누구의 시각으로 국제개발협력을 볼 것이냐 하는 관점의 문제도 있습니다. 이와 관련해서, '국제개발협력'이라는 말을 공식적으로 사용한 사례 중 하나가 미국의 33대 대통령이었던 해리 트루먼Harry S. Truman의 취임 행사1949년 1월 20일입니다. 그는 제2차 세계대전이 끝나고 피폐해진 국가들에 승전국으로서 도움을 줘야 한다는 취지로 이 말을 취임사에 사용하였습니다. 그날 이후 국제개발협력이란 용어는 때때로 잘사는 나라가 못사는 나라를 도와주는 것쯤으로 생각합니다.

이에 대해 멕시코의 구스타보 에스테바Gustavo Esteva라는 사람은 그날 이후로 세계는 '발전의 시대'라는 새로운 시대로 접어들었다고 했습니다. 그리고 곧바로 그날 "저발전이 시작되었다"고 말했지요.* 트루먼이 말한 '국제개발협력'이란 제2차 세계대전을 거치면서 사회 진화의 사다리 맨 꼭대기를 차지한 미국이 자국에 유리한 세계 질서, 말하자면 미국이 주도하는 냉전의 반공적 질서를 구축하기 위해 내놓은 대규모 원조 사업이었다는 거지요. 이어 그는 국제개발협력의 기준점이 공여 국가에 맞춰졌다고 비판합니다. 주는 사람 위주라는 거지요. 받는 사람의 입장에서 생각하고 지원하는 게 아니다 보니 각자 고유한 가치와 문화를 향유하던 사회들이 부족하고 미흡한 사회로 전락하고 세계는 서구화와 미국화의 일색으로 치닫기 시작했다는 겁니다.

예를 들어 우리가 어떤 나라에 가서 학교를 세운다고 합시다. 그러면 교육과정도 만들고 교사도 훈련시키고 수업할 교실 공간도 마련해야 하겠지요. 이때 그들이 뭘 필요로 하는지 우선 파악해야 할 필요가 있습니다. 우리 보기 좋으라고 비싼 돈 들여 으리으리하게 지어놓고 한글만 가르친다면 과연 진정한 '개발'과 '협력'의 의미가 있을까요? 하지만 안타깝게도 국제개발협력을 바

* 『반 자본 발전사전 : 자본주의의 세계화 흐름을 뒤집는 19가지 개념』, 볼프강 작스 외 지음, 이희재 옮김 (2010), 아카이브.

라볼 때 이런 시각이 여전히 작용합니다.

여기에는 역사적인 배경이 있습니다. 앞서 미국의 트루먼 대통령이 취임사에서 국제개발협력을 언급한 이후 '마셜 플랜'이라는 대규모 사업이 진행됩니다. 그런데 대상이 가난한 신생 독립국가가 아니었어요. 전쟁으로 피폐해진 유럽을 복구하는 게 최우선의 목표였습니다. 그러다 보니 받는 사람이나 주는 사람의 입장과 수준에 별 차이가 없어요. 다 같은 동맹국들이었고 전쟁 이전에는 사회 문화적 차원에서 서로가 비슷한 수준이었으니까요. 그러다 보니 받는 사람의 관점과 입장에서 사업을 진행해야 한다는 원칙이 처음부터 크게 다루어지지 않았습니다.

여기에 대한 문제의식이 생긴 게 1960년대 후반부터 1970년대 초입니다. 1950년대 전 세계적으로 신생 독립국가들이 생겨납니다. 대부분 식민지였던 나라들입니다. 그러자 기운을 차린 유럽과 당시 자유 진영의 초강대국이던 미국이 이들을 돕습니다. 그러면서 무엇이 필요한지 받는 사람의 입장을 고려하기 시작합니다. 또한 지원의 효과도 따지게 됩니다. 기껏 도와줬더니 그 나라의 소위 권력자, 또는 자본가들의 배만 불려줬다는 반성도 나오게 됩니다. 이어 1980년대부터 국제개발협력의 기세가 갑자기 위축됩니다. 이후 계속 하향 곡선을 그리다가 1990년대에 다시 활성화됩니다. 우리나라는 2000년대 들어와 비로소 관심을 두게 되죠. 지금은 매년 3조 8000억 원 정도를 국제개발협력에 투자하고 있습니다. 그중 교육 개발 협력 분야가 대략 60퍼센트 정도를 차지해요. 나머지 40퍼센트는 보건 분야입니다.

저는 여기서 청소년·청년들의 국제교류를 수적으로만 늘리기보다는 '교류의 질'이 중요하다고 생각합니다. 최근 영국은 국제개발협력사업에 청소년들의 의견을 반영하는 시스템을 도입하기 시작했습니다. 지금까지는 어른들이 결정했거든요. 청소년들이 국제개발협력계획 수립의 단계에서부터 참여하게 되면 그 과정에서 다문화 감수성을 갖게 되고 상대 국가에 대한 이해도 당연히 높아지게 되겠지요. 그만큼 교육적 효과도 커질 겁니다. 국제교류와 관련해 준비 과정도 무척 중요합니다. 우리가 여행을 갈 때도 사전 조사를 하잖아요. 그 과정에서 많은 것들을 배울 수 있어요. 일회성에 그치지 않고 장기적으로 지속적인 교류를 하게 된다면 그 계획을 세우는 단계에서 배우는 것은 더욱 많아질 것입니다.

국제교류에 참여하려면 어떤 자질이 필요할까?

이어서 국제개발협력이 시작된 이유인 '세계의 불평등'에 대해서 생각해 보겠습니다. 국제개발협력에 참여하는 분들은 무엇보다도 지구촌 불평등에 대해 분명하게 인식하고 있어야 합니다. 현실을 잘 알고 있어야 현실 진단에 기초한 실태를 잘 파악할 수 있고, 또 그에 따른 목표를 올곧게 세울 수 있으며, 실천의 의지와 힘도 기를 수 있습니다.

지금 우리가 사는 이 세계는 얼마나 불평등할까요? 우선 남북 격차가 매우 큽니다. 세계 지도를 한번 떠올려 보세요. 지구 남쪽, 남반구 대륙에 있는 나라는 대체로 빈곤한 국가들이고, 북반구에 있는 나라들은 대체로 잘사는 국가들이 많습니다. 그 격차가 어느 정도이냐면 소득 격차가 1960년대에는 20배 정도였는데 30년 후인 1990년대 들어와서 74배, 지금은 거의 100배에 가깝습니다. 만성적인 기아 상태에 머물러 있는 인구가 8억 4000명이고요. 단 200명의 부자들이 벌어들이는 돈이 전 세계 26억 명의 소득과 맞먹어요. 부자 나라들이 자원도 많이 소비합니다. 그래서 저는 청소년들이나 해외 파견 프로그램에 참여하는 분들에게 꼭 이런 말씀을 드려요. 빈곤과 불평등의 역사에 대한 분명한 인식과 이해가 있어야 합니다. 마음 단단히 먹지 않으면 쉽게 지칠 수밖에 없습니다.

국제개발협력사업은 정신적, 육체적으로 쉽지 않은, 어떤 면에서는 무척 고된 일입니다. 저의 경우 때때로 팔레스타인에서 3개월을 혼자 있는 경우가 많았습니다. 낯선 환경에서 지내는 일은 상당한 스트레스를 가져옵니다. 우리나라와 수월하게 소통할 방법이라고는 인터넷밖에 없는데 이마저도 쉽지가 않아요. 의료 시설도 충분하지 않아 평소 건강 관리도 잘해야 합니다. 흔히 생각하는 어학 실력은 부차적인 문제입니다. 강인한 정신력과 든든한 체력이 바탕이 되어야 합니다.

제가 우리나라 국제개발협력 분야의 3세대쯤 됩니다. 함께 시작한 친구 중에 남아 있는 사람이 그렇게 많지 않습니다. 유네스코한국위원회와 같은 UN기구에서 일하는 동기와 선후배, 한국국제협력단KOICA에서 근무하는 선후배, 국제개발협력 NGO에서 활동하는 친구 몇몇을 빼고는 중간에 직업을 바꾸었습니다. 국제개발협력에 종사하는 정도의 실력이라면 더 좋은 조건의 일터에서 일할 자격이 충분하기에 그나마 안정적인 직장에서 근무하는 사람을 제외하고는 모두 기업과 같은 곳으로 자리를 옮기기 때문입니다. 예전에 유네스코한국위원회와 한국국제협력단 그리고 모 기업에서 아프리카 여섯 나라에 3명씩 2년간 파견을 보내는 프로그램을 운영한 적이 있습니다. 심사 과정을 거쳐 우수하다 싶은 학생을 선정하여 파견을 보냈지요. 하지만 현지 음식을 잘 먹지 못하고 건강도 잘 챙기지 못한 친구는 성공적으로 일을 수행하기가 어렵습니다. 반면에 영어 한마디 못 해서 면접관들을 불안하게 했던 학생이 있었습니다. 그 친구는 아프리카에서 국가 코디네이터로 일을 할 정도로 성공적으로 현지 적응을 잘했습니다. 지금도 사실 영어를 잘하는 편은 못됩니다. 그 친구의 성공 요인 중 하나는 무엇이든 잘 먹고 현지인과 어울리는 힘이었습니다. 수개월 이상 외국에 파견을 나가는 것을 '중장기 파견'이라고 하는데, 이와 같은 중장기 파견을 가려면 현지에 잘 적응할 수 있는 식성과 체력이 무엇보다도 중요하다고 생각합니다. 중간에 아파서 포기하는 친구들도 적지 않기 때문입니다. 그래서 가장 필요한 조건은 건강입니다.

다음은 친화력입니다. 현지인과 어울리는 힘입니다. 좀 전에도 말씀드렸지만, 현지에 가면 외롭습니다. 친구가 필요합니다. 사람을 만나야 합니다. 그러면서 현지의 문화와 언어, 의식과 관점을 이해하게 되지요. 이런 과정을 거쳐 문화 감수성도 차차 길러질 수 있습니다. 국제교류의 장점은 적지 않습니다. 우선 본인이 변합니다. 교육학에서 이야기하는 '자기 주도적 학습'이 확실하게 이루어집니다. 영어 공부 하지 말라고 해도 현지 경험을 해본 아이들은 외국어 공부의 필요성을 절감합니다. 필요한 사실을 현지에서 느끼니까요. 현지에서 부딪히며 배우는 영어는 교과서나 문제집으로 배우는 것과 비교가 되지 않습니다. 현지 언어를 모르면 몸짓으로, 표정으로 대화를 합니다. 누구나 처음엔 그래요. 그러다가 언어를 매개로 서로 이해하고 인간적인 친밀감을 형성하게 되지요. 어쩌면 언어는 친화력을 위한 매개이자 수단인 셈이지요. 사실 언어도 영어보다는 현지 언어가 더 중요한 경우가 많습니다.

세 번째는 일을 체계화하고 조직하는 능력입니다. 현지에서는 혼자 하는 활동이 많은 만큼 여러 일을 동시에 수행해야 하는 경우가 많습니다. 국제개발협력사업은 조직적으로 움직여야 하고 또 그렇게 움직입니다. 멀티플레이어의 직무 능력을 요구하는 경우가 많은 편입니다. 때때로 다른 사람과 일을 하는 경우도 있는데, 그 사람이 현지인이든 아니면 같이 파견을 나온 사람이든 간에 서로 해야 할 일의 범주와 역할을 분명하게 하고 협력하여 일을 해야 할 필요가 있습니다. 공과 사가 분명하지 않으면 일의 효과와 효율성을 기대하기가 어려운 곳이 바로 여기입니다.

청소년 국제교류 사업의 현황과 실태

이어서 국제개발협력사업은 어떠한 것들이 있는지 구체적으로 알아보겠습니다.

2018년 기준으로 우리나라는 전 세계 36개국과 국가 간 청소년 교류 사업을 하고 있어요. 보통 3~4월에 나라별로 5~40명을 모집해 일정한 교육을 수료한 후 파견을 갑니다. 현재 우리나라는 아시아 10개국, 유럽 11개국, 중남미 4개국 그리고 중동과 아프리카 11개국과 교류를 합니다. 아프리카 지역은 이집트, 모로코, 튀니지, 수단, 카메룬 등 주로 북아프리카에 있는 국가와 합니다. 아프리카 중부나 남부 지역의 국가들과는 안전에 대한 우려가 있고 아직 국가 간 교류 협정을 체결한 나라가 많지 않습니다. 이런 내용은 한국청소년활동진흥원에서 운영하는 청소년 국제교류 네트워크www.youth.go.kr/iye 사이트에 잘 나와 있어요.

이 밖에도 한국과 중국 간의 청소년 교류, 한일 대학생 토론회 등을 이 사이트에서 살펴볼 수 있습니다. 국제회의·행사 참가단 파견사업도 있습니다. 매년 청소년 관련 국제회의가 국내외에서 열리는데 이 회의에 우리나라 청소년 대표를 파견을 보내거나 외국의 청소년 대표를 맞이하는 사업을 말합니다. 아시아 5개국 대상 청소년 해외 자원 봉사단 파견도 있습니다. 우리나라는 캄보디아, 필리핀, 라오스, 몽골, 베트남 등 아시아 5개 나라에 청소년 자원 봉사단을 꾸준히 파견하고 있습니다. 이 프로그램은 17개 시도에서 동시에 파견을 보내기 때문에 규모가 꽤 큰 편입니다. 예전에는 8개국에 300여 명을 보냈는데 최근에는 140명 정도의 규모입니다, 유엔협회 세계연맹www.wfuna.or.kr에서 운영하는 유엔 본부 대학생 대표단 프로그램도 있고, 유네스코한국위원회에서 진행하는 프로그램도 있습니다. 이런 기회를 잘 숙지하여 학교현장에서도 활용하면 좋을 것 같습니다.

예전에는 국가 지원의 폭이 넓은 편이었습니다만 요즘은 편도 항공비 정도를 본인이 부담합니다. 형편이 어려운 친구들은 국가에서 전액 지원을 합니다. 통역도 동행하고요. 사전에 저 같은 사람들이 훈련을 시킵니다. 말씀드렸지만 사전 준비가 중요하기 때문이에요.

저는 우리 학과 학생들 열한 명과 함께 팔레스타인에서 1년을 살았습니다. 그중에 외국에 나가본 친구가 한 명뿐이었습니다. 나머지는 그런 기회가 없던 학생들이었습니다. 심지어 비행기를 처음 타는 학생이 둘이나 되었습니다. 그래도 의지는 대단했고 또 건강한 친구들이어서 믿고 함께 가기로 결심했습니다. 그런데 현지 상황이 너무 안 좋은 거예요. 심지어 물도 잘 안 나왔습니다. 당시 이스라엘 정부에서 팔레스타인 자치 지역 중 헤브론에 38일간 단수 조치를 했거든요. 우리가 2011년 12월에 가서 2012년 11월에 나왔거든요. 당시 이스라엘과 팔레스타인 양국 간의 분위기는 경색 국면이었습니다. 고민 끝에 생수를 사 먹기로 했습니다. 학생들이 오기 전, 저는 그 무거운 생수 100통 이상을 300미터 언덕에 있는 우리가 세를 살던 집까지 혼자 배달을 한 적이 있었습니다. 체력이 왜 필요한지 아시겠죠? (웃음)

그나마 우리는 다행이었습니다. 가난한 사람들은 그마저도 어려웠거든요. 팔레스타인은 빈부 격차가 큰 편입니다. 여기서 예수님이 왜 "낮은 데로 임하소서"라 했는지에 대해 잠시 말씀을 드릴까 합니다. 팔레스타인을 가보면 현지의 지리적 여건이 구릉지대인 것을 금방 알 수 있습니다. 높낮이가 분명한 언덕들이 도시 곳곳에 산재해 있습니다. 대체로 부자들은 높은 곳에 삽니다. 아래쪽으로 갈수록 계곡 밑으로 빈곤층이 삽니다. 그런데 모

래바람이 어찌나 세게 부는지 쓰레기까지 아래로 쓸고 내려갑니다. 부자 동네에서 좀 더 못사는 동네로, 그다음엔 더 못사는 동네로 가고, 결국 제일 못사는 동네로 간 쓰레기는 결국 맨 아래 계곡으로 가서 쌓이게 됩니다. 그 계곡은 약간의 관목이 있는 지대인데, 그곳에는 양과 염소가 삽니다. 양과 염소와 같은 가축들은 인간이 먹다 버린 음식이나 종이 쓰레기 등을 먹고 삽니다. 양과 염소를 관리하는 목자들, 이른바 양치기는 그곳에서도 최하 계층에 속한 직업이라 할 수 있습니다. 예수가 스스로를 낮춰 왜 '목자'로 비유하고 왜 "낮은 데로 임하소서"라고 했는지를 쉽게 이해할 수 있었습니다.

어쨌든 그런 열악한 환경 속에서도 무사히 사업을 마쳤습니다. 당시 함께한 학생들 중 하나는 아산청소년교육문화센터의 국제교류 사업을 맡고 있습니다. 또 다른 친구는 케냐 나이로비에 1년 1개월 파견 갔다가 지금은 모 NGO에서 국제교류 사업을 담당하고 있습니다. 다른 친구들도 그 경험을 겪은 후 각자 진로를 크게 바꾸었습니다. 한 친구는 국제개발협력 NGO에 취업해 라오스에서 6개월 있다가 지금은 글로벌가족지원센터에서 일하고 있습니다. 또 다른 한 명은 2년간 한국국제협력단의 영프로페셔널 사업에 선정되어 요르단에서 2년간 사업을 마친 후 지금은 영국의 대학에 지원해 결과를 기다리고 있습니다.

이렇게 아이들의 인생이 바뀌었습니다. 외국에 나가는 것 자체를 두려워했던 아이들이 저렇게 변하다니, 저는 참으로 놀라웠습니다. 특히 아이들의 자존감이 상당히 높아졌어요. 개인적으로 이런 경험을 통해 저는 이 사업과 프로그램이 잘 진행된 사례라고 판단하고 있습니다. 물론 그렇지 않을 때도 있습니다.

청소년 국제교류 사업은 누가 개입하느냐에 따라 그 결과가 확연히 다릅니다. 조금 전의 사례와는 반대로 참여했던 청소년들이 자존감을 다치고 오는 경우도 많습니다. 그래서 이 사업이 긍정적인 기능이 있지만 여러 변수들도 있다는 점을 말씀드리고 싶습니다. 프로그램을 어떻게 준비하고 지원하느냐에 따라 편차가 큰 셈이지요. 참여자 간의 팀워크, 현지 사람과의 네트워크, 사전 준비, 이런 것들이 중요합니다.

아웃바운드 모빌리티와 인바운드 모빌리티

그런데 여러분, 국제교류 활동은 꼭 해외에서만 하는 게 아닙니다. 잠깐 이와 관련해서 유럽 이야기를 드리지요. 유럽연합이 청소년 정책을 펼 때 우선순위 다섯 가지가 있는데 그중 하나가 '아이들의 자유로운 이동'입니다. 회원국 간의 자유로운 이동을 유럽연합은 적극 지원해야 한다고 명시하고 있어요. 그런데 여기서 말하는 '이동mobility'에는 두 가지가 있습니다. '아웃바운드 모빌리티outbound mobility'와 '인바운드 모빌리티inbound mobility'가 바로 그것입니다. 전자는 우리 사회를 기준으로 밖의 장면으로 나가는 겁니다. 우리가 흔히 알고 있는 해외 교류, 해외 파견, 교환학생 그리고 유학이 바로 그것입니다. 그런데 우리는 청소년 국제교류하면 이 프로그램만 이야기합니다. 그럼 인바운드는 무엇일까요? 밖의 장면에서 우리 사회 안으로 들어오는 청소년의 이동을 말합니다. 그런데 저 역시 이와 관련된 일을 하면서 최근에서야 인바운드 모빌리티도 매우 중요하다는 사실을 알게 됐습니다. 그 전에는 미처 생각을 못 했지요. 여기서 인바운드 모빌리티라 한다면 난민 아동이나 청소년도 있고, 이주 배경 아동과 중도입국 청소년도 있고 탈북 청소년도 있겠지요. 우리나라에 유학이나 학습 여행을 온 친구들도 있을 겁니다. 이들을 대상으로 하는 프로그램도 당연히 청소년 국제교류 사업입니다.

하지만 우리는 아웃바운드 모빌리티만을 청소년 국제교류의 전형인 것처럼 생각을 하는 경향이 있습니다. 어쩌면 아웃바운드보다 더 세심한 신경을 써야 하고 지원도 해야 하는 국제교류가 인바운드 모빌리티일 텐데 말입니다. 사실 이런 경향은 가치 편향을 불러일으키기도 합니다. 아웃바운드 모빌리티는 좀 더 가치 있고 의미 있는 이동과 교류로 생각하고 인바운드 모빌리티는 그보다 못한 이동과 교류로 생각하는 게 바로 그것입니다.

예전에 제가 모 지방자치단체의 청소년 국제교류 사업 계획 수립 과정에 자문위원으로 컨설팅을 해준 적이 있습니다. 제가 아이들이 갈 만한 곳을 몇 군데 추천했죠. 그곳은 우리나라에는 잘 안 알려져 있지만 유네스코 세계문화유산도시로 선정되어 교육적인 측면은 물론이고 문화적인 가치도 적지 않은 곳이었습니다. 그랬더니 금세 분위기가 안 좋아져요. 왜 그런 나라들에 아이들을 보내느냐는 투였습니다. 제가 추천한 곳이 저개발 국가로 분류되는 나라였기 때문이었습니다. 그분들은 그런 곳 말고 그 도시가 자매결연을 맺은 미국의 어떤 도시에 보내자고 했습니다. 아이들에게 영어도 배우고 선진 문물 경험도 쌓게 하자는 거였습니다. 그분들은 제가 추천한 곳을 아웃바운드로 갈 만한 가치가 낮은 곳으로 보았습니다. 저는 아웃바운드 모빌리티가 청소년 국제교류 사업이나 프로그램으로 전환하기가 쉽지 않은 우리의 민낯을 보는 것 같아 기분이 좋지 않았습니다. 사전 준비 시간도 짧고, 게다가 청소년 국제교류 프로그램에 어른들은 왜 그렇게 많이들 가는지. 이건 관광인지 국제교류인지 헷갈릴 정도였어요. 2시간 만에 자리에서 일어났던 기억이 납니다.

프로그램을 짤 때 여기서 한두 시간, 저기서 한두 시간 보내는 경우가 있습니다. 마치 패키지여행처럼 말이죠. 청소년 국제교류는 거의 모든 기간을 현지 청소년들과 함께하는 사업이 아이들에게 많은 영향을 미치는 것으로 보입니다. 예를 들어 이번에 제가 학생들과 함께 네팔에서 열흘 동안 진행된 프로그램은 첫

날부터 마지막 날까지 계속 같이 다녔습니다. 2박 3일 동안 학생들이 자유여행을 갈 때에도 네팔 현지 청년들이 같이 갔습니다. 나중에 헤어질 때가 되면 서로 정이 들 대로 듭니다. 저는 프로그램이 진행되는 열흘도 중요하지만 다녀온 후의 추수 과정follow up도 매우 중요하다고 생각합니다. 글로벌 네트워크의 시작인 셈이지요. 그런데 이런 글로벌 네트워크는 반드시 아웃바운드로만 형성되는 것은 아닙니다. 인바운드 모빌리티 과정에서도 충분히 구축할 수 있습니다. 이제 우리 사회가 아웃바운드 모빌리티 위주의 청소년 국제교류에 초점을 맞춰 왔다면 이제 인바운드 모빌리티도 적극 고려하고 고민할 필요가 있습니다. 글로벌 네트워크의 내재적 구축을 시도할 때가 된 것이지요.

팔레스타인에서 만난 사람들

팔레스타인에서 있었던 경험을 조금 더 이야기하지요. 저는 헤브론 지역에 있었습니다. 언론에 자주 소개되는 팔레스타인 분쟁지역, 가자 지구Gaza strip에서 60킬로미터쯤 떨어져 있어요. 가는 길이 만만치 않습니다. 서울에서 이스라엘 텔아비브까지 직항이 있어요. 터키의 이스탄불을 거쳐서 가는 방법도 있습니다. 거기서 예루살렘까지는 버스나 기차로 가고요. 예루살렘에서 베들레헴까지 8킬로미터를 이동합니다. 한국이라면 5분에서 10분 남짓 시간이 걸리겠지만 분리장벽으로 현지인들은 쉽게 이동할 수 없고 운이 없는 경우 검문소에서만 2~3시간 걸리는 경우도 많습니다. 저와 같은 외국인들은 버스나 세르비스라는 대중교통을 이용해 30분쯤 걸립니다. 거기서 다시 헤브론까지도 세르비스를 이용하는데 약 40분에서 50분 정도 걸립니다.

2014년부터는 제닌이라는 곳에 있었습니다. 거기서 위로 올라가면 갈릴리 호수이고 바로 옆이 나사렛입니다. 성경에서 여리고라고 불리는 제리코에서 이곳으로 가는 길은 계속 오르막길인데, 갑자기 고갯길을 넘으면 평지가 나타나면서 호수가 바다처럼 펼쳐져요. "젖과 꿀이 흐르는 땅"이란 성경의 표현이 실감이 나는 풍광이 눈앞에 펼쳐집니다. 풀 한 포기 안 보이는 황량한 땅을 지나 바다같이 넓은 호수와 숲이 보이는데, "와! 여기가 정말 파라다이스구나." 하고 감탄이 절로 나옵니다.

그러나 이런 감동도 잠시, 곳곳에 설치된 분리장벽을 보면 비극적인 현실로 돌아오게 됩니다. 장벽은 보통 6~12미터의 높이로 설치되어 있어요. 미국 트럼프 대통령이 멕시코 국경 지역에 세우려는 장벽의 모델이 바로 이겁니다.

앞서 예루살렘에서 베들레헴까지의 8킬로미터 거리를 어떤 현지인들은 두세 시간 걸려서 간다고 말씀드렸지요. 조금 이상하게 생각하신 분도 있을 거예요. 그 정도 거리면 자동차로 10분도 안 걸릴 거리잖아요. 이유는 바로 장벽에 있습니다. 한 구역을 통과할 때마다 검문, 검색을 합니다. 이런 분리장벽은 팔레스타인 자치지역 전역 곳곳에 설치되어 있습니다. 검색기를 통과해야 하고 짐마다 수색이란 표현이 어울릴 검색이 이루어집니다. 한번은 앞에서 곱게 차려입은 젊은 아가씨와 어머니로 짐작되는 아주머니가 지친 표정으로 앉아 있더라고요. 저 역시 그날따라 제 짐을 샅샅이 검색을 받아야 하는 상황이었습니다. 지루한 시간을 이기지 못하고 저는 그들에게 말이라도 걸 겸 물어봤습니다. 언제부터 이러고 있어요? 그랬더니 아침 9시부터 잡혀 있대요. 그때가 오후 4시 정도였으니 무려 일곱 시간을 잡아 놓고 있는 거예요. 무슨 문제가 있는 것도 아니랍니다. 그냥 붙잡아 둔대요. 심지어 아가씨는 오늘 결혼식에 참여하는 신부였습니다. 결국 그들은 결혼식을 연기해야 했습니다. 저는 너무 충격을 받았어요. 분리 장벽에는 수많은 이야기가 있음을 그제야 알았습니다. 그곳엔 팔레스타인 사람들의 슬프고 억울한 이야기가 서려 있던 겁니다.

어쨌든 이런 불평등한 지역에서도 우리는 사업을 시작했습니다. 첫 번째 프로젝트는 청소년센터를 건립하는 일이었습니다. 먼저 도착해서 학교 터도 돌아보고 헤브론 현지 청소년과 청소년 지도자들, 교사들, 관계 공무원들과 의논을 했습니다. 어떤 기능을 갖춘 시설을 원하는지 그들의 의견을 먼저 들어보는 시간을 가졌습니다. 그들의 의견에 기초하여 공간을 설계하는 일을 시작하였고 라마단을 거쳐 기나긴 시간동안 시설을 건립하였습니다. 두 번째 프로젝트는 2012년부터 2013년까지 1년간의 현지 생활을 통해 프로그램을 진행하였습니다. 흔히 청소년 센터를 지어놓고 관리를 안 하면 용도가 바뀌는 경우가 많습니다. 아주 큰 창고로 변하거나 박물관으로 바뀌는 경우가 많습니다. 시설 내 고가의 기자재가 아깝거나 아이들의 사용에 의해 쉽게 고장 나는 것을 방지하기 위한 처사가 건물의 용도를 바꾸기 때문입니다. 청소년 전용 공간은 청소년들이 자유롭게 사용하고 활동해야 하는 곳입니다. 하지만 그렇게 되기에는 현지의 인식을 바꾸어야 하는 절차가 필요하지요. 프로그램을 진행하지만 사실은 지역사회 내 청소년에 대한 마인드를 바꾸는 일이 우리가 해야 할 일이었습니다. 우리나라 정부와 순천향대학교의 지원을 받아 학생들과 1년을 생활하는 두 번째 프로젝트가 시작된 배경과 이유가 여기에 있습니다.

저는 대학에 적을 두고 있고 학기 중 강의와 대학원 논문 지도도 있어서 온전히 1년을 생활하지는 못했습니다. 대신 1년에 5번을 현지에 다녀와야 하는데, 학기 중에는 중간고사 기간을 중심으로 앞뒤로 1~2주를 더 빼 다녀와야 했습니다. 물론 방학 기간 내내 그곳에 있어야 했습니다. 당시 제가 40대였는데 그 연령으로도 체력적으로 무척 힘들 때였습니다. 특히 당시에는 시리아와 이스라엘 간의 관계가 극도로 안 좋아지던 때여서 현지에 있는 학생들의 안전을 생각하면 국내에 있더라도 맘이 편하지 못했습니다. 결국 신경성 위경련도 앓게 되는 등 건강이 좋지 못했습니다. 생각해 보면 그때 좀 힘들었던 것 같아요. 그래도 8개월 가까이 학생들과 현지에서 열심히 일했습니다.

이곳에서 일하면서 국제 인권 단체인 'human rights watch'에서 일하는 재미교포 친구와의 특별한 인연이 있었습니다. 아시다시피 팔레스타인 지역에는 세계적인 성지들이 많이 있습니다. 헤브론, 나사렛, 예루살렘, 베들레헴은 유대교, 개신교, 가톨릭, 이슬람 등 세계 4대 종교의 성지입니다. 여기에서 3개월가량 장기로 머무르는 외국인들이 많은 편입니다. 특히 우리가 있었던 헤브론은 성경 창세기에도 나오는 아브라함과 이삭, 야곱의 묘, '막펠라 동굴아브라함의 묘'-지금은 아브라함 모스크-이 있습니다. 헤브론 도심인데 이곳은 H1, H2로 구분되어 있습니다. 헤브론 도심 가운데 유대인 정착촌이 있는데 유대인의 정착촌을 일러 H1으로 부릅니다. 아브라함의 묘를 팔레스타인 말로는 아브라함 모스크라고도 하는데 반으로 쪼개져 있습니다. 반은 유대인이, 또 반은 무슬림이 들어갈 수 있게 되어 있습니다. 유대인이 들어가는 입구 쪽에 정착촌이 만들어졌는데 그게 H1입니다. 무슬림이 사는 쪽은 H2입니다. H1과 H2는 서로 대치되어 있는 형국입니다. 그 지역 내에서 갈등이 끊이지 않죠. 인권유린도 자주 일어나는 편입니다. 그래서 이를 감시하려고 인권 단체에서 파견을 나옵니다. 'human rights watch'도 그런 일을 하는 세계 인권 기구였는데, 그 친구가 헤브론 지역의 인권을 감시하기 위해 헤브론에 파견 나와 일을 했던 거예요.

그런데 어느 날 제게 그 친구로부터 이메일이 왔습니다. 제가 하고 있는 팔레스타인 프로젝트에 참여하게 해 달라는 얘기였습니다. '케이티[가명]'라는 재미 교포인데 남편은 모로코 사람이었습니다. 미국 대학에서 언어학을 공부하던 이 친구가 학생 시절 아랍어를 공부하러 모로코에 갔다가 그곳 도서관에서 일하던 남편을 만나 그만 사랑에 빠진 거였습니다. 만난 지 삼 개월 만에 현지에서 결혼을 했고, 그 결혼을 말리고 찬성하지 않았던 부모를 끝내 설득해 미국으로 남편을 데리고 와 공부까지 시킨 당찬 여성이었습니다. 그 친구가 헤브론에서 인권 감시 활동을 하다가 겉모습은 한국인인 그 친구에게 현지인들이 한국에서 수행한 프로젝트 지역을 꼭 방문하라고 권해 헤브론 청소년센터를 방문하게 되었습니다. 그 친구는 감동했고, 또 제 연락처를 어찌어찌 알아 제게 이메일을 보낸 거였습니다.

당시 독일에서 안식년을 보내던 저는 영국 옥스퍼드 대학에서 대학원 과정을 다니던 이 친구와 만날 뻔도 했지만 결국 이메일과 SNS를 통해 연락을 주고받으며 추수 과정 사업이 진행되면 꼭 참여할 수 있게 하겠다고 약속을 했습니다. 그리고 시간이 지나 추수 과정이 시작되면서 케이티에게 1년간 헤브론에서 사업을 하기로 했는데 참여할 생각이냐고 제안을 했습니다. 흔쾌히 참여하겠다고 케이티는 얘기했고 다니던 직장에 휴직서를 내고 우리 사업에 참여하게 되었습니다. 하지만 그 과정이 쉽지는 않았습니다.

한국 정부의 지원 사업인데 외국인케이티의 국적은 미국입니다이 참여해도 되는지가 문제였습니다. 설득하는 데 시간이 걸렸습니다. 사실 제게 있어 케이티는 매우 필요한 사람이었습니다. 앞서 말씀드린 대로 헤브론도 성지이다 보니 외국인들이 이곳을 찾아 상당한 기간 동안 있다 가는 경우가 많았습니다. 우린 이런 외국인들이 갖고 있는 장점과 특기를 청소년센터에서 헤브론 청소년들에게 풀어주기를 무척 원했었거든요. 그 사례 중 하나를 소개하겠습니다.

어느 날 아브라함 모스크를 방문하고 나오던 한 여성을 우리 팀이 보게 됩니다. 그 여성은 '아말리아가명'라는 이름을 가진 이탈리아 로마 출신이고 당시 영국에서 컴퓨터 회사를 다니다가 여름휴가를 맞아 성지순례를 하러 온 친구였습니다. 영어와 아랍어에 능통한 케이티는 그 친구에게 제안을 합니다. 우린 이런 일을 하는 사람들인데 헤브론에 있는 동안 청소년센터에서 자원봉사 활동을 할 생각이 없는지, 그럼 우리가 숙소와 식비 일부를 지원할 수 있다고 제안을 했습니다. 그녀가 우리 사업의 자원봉사자로 참여합니다. 헤브론 청소년센터에 이탈리아어 과정과 이탈리아 요리 강습 프로그램이 아말리아 때문에 만들어진 배경이 여기에 있습니다. (웃음)

당시 우리는 아파트를 세를 내서 생활했어요. 우리가 보통 떠올리는 아파트하고는 다릅니다. 우리나라 연립 주택에 가까워요. 4층 옥상에서 보면 멀리 가자 지구가 눈에 들어오지요. 그렇게 마련된 숙소에서 한국 학생들, 외국 동료들과 함께 프로젝트를 진행했습니다.

특히 헤브론 청소년들과 1년간 교류를 하게 되었어요. 현지 지도자들 대상으로 연수도 했고요. 참고로 헤브론 60만 인구 중에 상담 인력이 1명밖에 없었습니다. 그래서 저희가 도움을 드렸지요. 도움을 받기도 했습니다. 현지에서 교사들이 많이 와주셨어요. 성과도 많이 있었습니다. 센터의 지속적인 발전 가능성을 확보하고 양국 간 우호 증진에도 좋은 영향을 주었다고 생각합니다.

저희 숙소 앞집에 할아버지 두 분이 사셨습니다. 매번 드나드는 우리를 유심히 보시더군요. 여기 떠날 때 우리에게 손을 흔들던 어린아이도 있었고요. 제가 함께 생활하던 우리 학과 학생들에게 과제를 줬습니다. 앞서 말씀드린 할아버지나 꼬마 아이들, 그 외 현지인들의 사진을 찍으라고요. 그분들의 숨기지 않는 표정, 환한 미소를 띤 표정 등을 담으라고 했습니다. 요즘은 휴대전화 카메라 기능이 아주 좋잖아요. 그런데 이 과제에는 숨은 뜻이 있습니다. 환한 표정을 담으려면 친해져야 해요. 잘 모르는 사람에게 우리 함께 사진 찍을까요? 하면, 이런 제안에 순순히 응하기란 어려운 일입니다. 더욱이 이렇게 환한 미소를 띤 표정을 짓기란 거의 불가능에 가까운 일입니다. 사진을 찍어 오는 친구들은 친화력이 정말로 있는 친구입니다. 할아버지들이 목젖이 보이도록 웃는 사진을 찍기란 사실 무척 쉽지 않습니다.

세 번째 프로젝트는 2014년 2월에 시작했다가 잠정적으로 2년 정도 중단됐었습니다. 가자 지구를 비롯해 팔레스타인 자치지역에 대한 이스라엘의 공격으로 긴장감이 높아졌기 때문입니다. 그러다가 사업이 본격적으로 시작된 것은 2015년 여름 무렵이었습니다. 물론 저와 우리 팀은 그 와중에도 팔레스타인 자치지역을 드나들었지만 사업을 수월하게 시작하기란 쉽지 않았습니다.

지금까지 팔레스타인에서의 경험과 그곳에서 만났던 분들을 중심으로 팔레스타인 청소년 교류 현장에 대해 말씀드렸습니다. 마지막으로 청소년 국제교류에 관한 생각을 말씀드리도록 하겠습니다.

내가 바꾸는 국제교류, 나를 바꾸는 국제교류

제가 말씀드리고 싶은 첫 번째는 바로 청소년 중심입니다. 청소년 국제이해교육, 청소년 국제교류, 청소년 해외파견, 대학생들의 경우에는 교환학생, 해외 유학 등 여러 가지 이름의 프로그램이 있습니다만, 무엇이 됐든 청소년이 중심이어야 한다고 생각합니다. 활동의 주체인 청소년을 소외하는 경우를 제가 많이 보아왔기 때문이에요.

청소년에게 미치는 여러 교육적·사회적 영향을 고려한다면 청소년 프로그램의 주체를 확실히 해야 할 필요가 있습니다. 그러지 않으면 사업을 추진하는 주체가 청소년들에게 프로그램을 강요하는 꼴이 됩니다. 그래서는 안 돼요. 아이들에게 프로그램을 맞춰야죠. 지방자치단체나 청소년 단체에서 하는 청소년 국제교류 프로그램이나 교육청에서 주관하는 학생 파견 사업들이 있습니다. 이게 예산이 들어가는 사업이다 보니 사업성을 따져요. 그래서 어떤 성과가 있었다는 걸 제일 중요하게 생각합니다. 하지만 아이들을 중심에 두지 않으면 그 사업은 성공할 수 없습니다. 아이들의 생각과 의견을 먼저 물어보아야 합니다. 저희가 해외로 가는 아웃바운드 모빌리티도 그렇고, 우리나라에 있는 외국 청소년들을 대상으로 하는 인바운드 프로그램도 마찬가지입니다.

최근 대학에 재학 중인 고려인 친구들을 만났어요. 그들로부터 하소연을 많이 듣습니다. 프로그램은 많은데, 정작 참여하고 싶은 프로그램은 없대요. 사실 우리나라에는 다문화가족지원센터나 건강가족지원센터이 둘은 통합 추세입니다, 청소년상담복지센터나 지역 사회복지관에서 국내 거주 외국인들을 위한 프로그램을 적지 않게 진행하고 있어요. 그런데 그 대상이 다문화 가정의 아이들이나 외국인 노동자 아이들로 한정되어 있습니다. 그러니까 외국에서 공부하러 온 친구들이 갈 만한 프로그램은 많지 않은 편이에요. 심지어 대학 교류 프로그램도 그렇습니다. 그래서 청소년 국제교류에서 '국제교류'가 아니라 '청소년'에 방점을 찍을 필요가 있다는 말씀을 드리고 싶어요.

두 번째는 아웃바운드에만 편중할 필요가 없다는 점입니다. 우리나라에 들어온 수많은 외국인들, 이주 배경이 있는 사람들과의 교류도 국제이해교육에 있어서 훌륭한 교육 자원이 됩니다. 지금 이들을 대상으로 한 사업은 단편적이거나 일회적인 경우가 많습니다. 지속 가능성을 살리는 프로그램이 상대적으로 적은 편이에요. 의례적인 행사가 많고 봉사 프로그램의 일환인 경우도 많습니다. 확실한 교류와 협력 그리고 꾸준한 이해와 존중이 녹아든 프로그램으로 만들어야 할 필요가 있습니다.

난민 지원도 마찬가지입니다. 2013년 7월 1일에 난민법이 시행된 이후로 난민 인정률이 4.5퍼센트라는 수치는 OECD 회원국 평균인 37퍼센트에 턱없이 못 미치는 실정입니다. 더 큰 문제는 인정 기간이 너무 오래 걸린다는 거예요. 신청한 날로부터 인정받을 때까지 평균 1년이 걸립니다. 그동안 아무런 보호와 지원을 받지 못하는 사각지대의 아동과 청소년이 적지 않습니다. 이들에게 우리 사회는 기본적인 사회 안전망을 제공하지 못한다는 겁니다.

작년에 경남 모 지역 청소년상담복지센터에서 근무하는 청소년 상담사로부터 전화가 왔었습니다, 한 무슬림 여자아이가 하혈을 하고 있다는 거예요. 긴급 보호 중이라면서 좀 도와달라고 합니다. 사정을 알아봤더니 그 아이의 오빠가 산업 인력으로 한국에 와서 일하고 있었어요. 시리아 출신인 이들은 부모와 동생들이 함께 한국에 오려고 했는데 아버지가 중간 기착지에서 갑작스런 심장 수술을 하는 바람에 동생들만 온 거예요. 17살에서 6살 아이까지 다섯 자매가 오빠가 사는 옥탑방에서 함께 살아요. 일하러 가는 동안은 이 소녀들이 방치되어 있는 상황이었습니다. 생리대 살 돈도 없이 밖으로 외출을 했는데 동네 사람들이 신고한 거죠. 제가 팔레스타인 프로젝트를 하는 것을 알고 있는 청소년상담사가 저를 생각하고 연락을 한 거였습니다. 저는 그 지역의 사회복지 협의체 내 아동청소년 분과에 이 아이의 사정을 이야기해서 긴급 구호 대상으로 신청하라고 했습니다. 운영위원회에서 결의만 하면 일정한 예산을 지원할 수 있기 때문입니다.

일단은 그 지원금으로 생활비와 필요한 물품을 지원하는 게 좋겠다고 했습니다. 알고 보니까 이 친구들이 난민 신청을 한 상황이었어요. 결과를 기다리는 기간 동안 충분한 보호를 받지 못하고 있었습니다. 우리 안의 국제교류에 대해 좀 더 주의를 기울여야 할 필요성을 보여주는 단적인 사례였습니다.

세 번째는 의미 있는 국제이해교육 활동을 했으면 좋겠다는 것입니다. 제가 어느 장학재단에서 가정 형편이 어려운 친구들을 유학을 보내는 프로그램을 기획한 적이 있습니다. 혹시 아시는지 모르겠습니다만, 요즘 아웃바운드 모빌리티에도 참여 청소년들의 빈부격차가 꽤 심각해 어느 정도 괜찮게 사는 집의 학생들이나 참여 신청을 하는 경향이 많거든요. 특히 교환학생이나 중장기 해외 파견 사업에는 빈곤계층 학생들이 참여를 '잘 못합니다'. '잘 안 하는 것'이 아니라 '잘 못 하는' 겁니다. 왜냐고요? 이들은 그 기간 동안 아르바이트를 해야 하는 처지이기 때문입니다. 이런 사정을 잘 알고 있는 제가 기회가 되면 아웃바운드 모빌리티의 빈부격차를 극복하는 프로그램이 필요하다고 역설하고 다녔거든요. 어느 날 어떤 자리에서 제 주장을 유심히 듣던 그 재단에서 한 번 그런 프로그램을 만들어보자고 제안을 해서 기획하게 되었고, 지금은 모 대학과 그 재단이 시범 프로그램을 진행 중에 있습니다. 이런 프로그램 말고도 제3세계 저개발 국가들, 그중에서도 유엔에서 정하는 최저 빈곤 국가가 현재 40여 나라가 되는데, 그 나라에서 한국으로 유학을 오려는 아이들을 지원하는 사업도 있습니다. 또 고려인, 조선족, 멕시코 유카탄과 하와이 등에 있는 코리안 디아스포라 한인 후손을 위한 국제교류와 협력 사업도 있습니다.

코리안 디아스포라 얘기가 나왔는데, 사실 세계 곳곳에는 생각보다 한국과 관련이 있는 한인 후손들이 적지 않습니다. 북아프리카 위 대서양에 있는 스페인령 카나리아 제도에는 테네리페라는 섬이 있습니다. 제가 한번 갔다가 깜짝 놀랐어요. 3000여 명의 한인 후손들이 살고 있어요. 많을 때는 5000명까지 살았대요. 사모아 지역도 그랬습니다. 이런 곳을 제가 50여 곳 넘게 다녀봤습니다. 그럴 때마다 '우리가 생각하는 세계가 좁구나', '우리가 해야 할 일은 많구나.' 하는 생각을 하게 됩니다. 흔히 우리는 미국, 일본 아니면 잘 모르잖아요. 그런데 그런 낯선 곳에서 한인 3세, 4세를 만나요. 저는 이런 분들을 우리 청소년들과 만나게 하는 프로그램이 필요하다고 생각합니다. 미국이나 유럽 등 잘사는 나라에 가서 교과서에서 배운 내용을 확인하고 오는 것보다 세계 여러 곳에 퍼져 살고 있는 우리 혈육을 만나서 그 지역의 역사도 배우고 자연스럽게 교류에 대해 이해시키는 게 더 중요하지 않을까요?

여러분 혹시 해외입양연대라고 들어보셨습니까? 청소년들이 자발적으로 만든 모임이에요. 한국이 1960년대부터 외국으로 우리의 아이들을 많이 입양을 보냈잖아요. 그런 분들의 친부모를 찾아주는 프로젝트를 하는 단체입니다. 2004년 서울 명동에 있는 유네스코한국위원회 건물 2층에 청소년들에게 동아리 공간을 제공한 적이 있습니다, 그때 만들어졌어요. 이런 의미 있는 교류 활동이 우리 사회에서 좀 더 많아졌으면 좋겠다는 생각입니다.

네 번째는 전문가 양성입니다. 우리나라 청소년 활동 현장에서 국제이해교육 관련 전문가가 20명 안팎입니다. 그만큼 고되고 근무 여건이 좋지 않아요. 네팔에서 일하는 어떤 친구는 한 달에 38만 원을 받습니다. 당연히 일하려는 사람이 많지 않지요. 나라에서 전문가를 키우는 시스템이 있어야 합니다. 우리나라 대학에도 국제개발협력 전공이 있습니다. 정말 공부도 열심히 하고 능력 있는 친구들이 많아요. 그런데 학교를 졸업하면 갈 데가 너무 제한적입니다. 갈 데가 없다고 아우성이지요. 그래서 공부해서 대학에 남는 친구들이 많고요. 저도 올해로 22년째 대학에 적을 두고 있지만 이렇다 할 대안을 내놓기가 쉽지 않습니다. 취업뿐만이 아닙니다. 이들의 전문성을 길러주는 전문가 양성 프로그램을 개발하고 그런 기회를 많이 제공하는 것도 필요합니다.

다섯 번째는 행·재정 지원과 국가 간의 협력 시스템 구축입니다. 프로그램을 실행하려면 재정 지원을 받아야 하고 그 돈을 적재적소에 배분해야 합니다. 지금은 이걸 개별 전문가들한테 맡기는 형국이에요. 재정이나 회계 같은 일은 정부의 관료들이 하고 전문가는 프로그램 자체에 집중할 수 있어야 합니다. 이런 지원 시스템이 국가적으로 마련될 필요가 있습니다.

여섯 번째는 공직자 교류 프로그램의 질적 변화입니다. 보통은 선진국을 대상으로 하잖아요. 그래야 뭘 배운다고 생각합니다. 그러곤 정작 가면 관광하다가 오는 경우도 적지 않습니다. 저는 그보다 저개발 국가에서 오히려 배울 점이 많을 거로 봐요. 우리보다 경제적으로 형편이 좋지 않은데도 행복한 이유가 뭘까? 우리가 저들에게 도움을 줄 수 있는 부분이 뭘까? 이런 고민을 할 수 있지 않을까요?

마지막으로 말씀드리고 싶은 것은 지속 가능한 교류입니다. 잘 아시겠지만 교류는 일회성에 그치면 효과가 없어요. 꾸준히 오고가야 합니다. 그러려면 사전 준비도 중요하고 끝난 후의 평가, 관리가 필요합니다. 보통은 사후 관리까지는 신경을 잘 안 쓰죠. 아이들이 어떻게 변화했는지, 다음에도 긍정적인 변화를 주려면 어떻게 해야 하는지 잘 살펴야 해요. 앞서도 말씀드렸지만, 국제교류 활동을 마치고 난 아이들은 분명히 변화합니다. 특히 형편이 어려운 친구들이 그래요. 제가 한번은 교류 프로그램에 아이들 17명을 데리고 갔는데 그중 형편이 어려운 아이들 7명을 일부러 뽑았습니다. 다녀오면 표정부터 달라져요. 늘 위축되어 있고 수동적이던 아이가 무척 주도적으로 바뀝니다. 자기보다 힘들게 사는 아이들을 봤거든요. 칠판과 분필도 없는 교실에서 땅에다가 나뭇가지로 그림을 그리고 글자를 씁니다. 팔레스타인에 가면 대학 건물에 지붕이 없습니다. 다 허물어져 가는 건물이지만 돈이 없어 고치지도 못하고 그냥 교실로 써요. 그래도 열심히 공부합니다. 우리가 세계의 청소년들을 만난다고 했을 때 중요한 건 그들만이 아니라 참여하는 자기 자신도 있다는 점을 잊지 말아야 해요.

그럼 이상으로 강의를 마치겠습니다. 경청해 주셔서 고맙습니다.